採用される
履歴書
職務経歴書
はこう書く

実例付き

キャリア・アドバイザー
小島美津子

日本実業出版社

まえがき

書類選考で落ちたら応募書類を見直したい

ある求人情報誌が行った調査によれば、転職先が決まるまでに応募先に提出した履歴書の数は、平均6通。10社以上に提出したという人は2割ほどだった。このデータは、転職に成功した読者から届いたアンケート回答を集計したもの。だが、この数値を「少ない」と感じる人もいる。失業状態が長引いており、「20社、30社と応募書類を送っているが、面接にも漕ぎつけない」といった例も珍しくないからだ。

求人企業に聞けば、「経験や技能も大切だが何より人物重視。採用・不採用の決定は面接次第だ」とする声も多くある。それでも応募者が殺到すれば、面接に至る前の書類選考でふるいにかけられ、大多数の人が落とされてしまうのが一般的なのだ。とくに最近は携帯電話からの転職サイト利用もすすみ、応募倍率が膨らむ傾向もある。何とか面接にたどり着きたい……と考え、「書類持参で面接をしている会社を探して応募した」という話も耳にする。それで解決すれば一件落着だ。だが、そんな場合でも、応募書類がもつ選考への影響力は、結果的にさほどの差はないのが現実だ。

実際のところ、採用・不採用の基準やレベルは会社ごとに違う。応募書類がくわしくチェックされる。手順が変わってなければ、A社・B社に落ちてもC社では受かることもあるのが普通なのだ。もし、書類選考で落ちつづけているようであれば、書類のどこかに問題があると考えるべきだろう。不採用になった応募書類を書き写して使いつづけてはいけない。

落とされる応募書類には2つの共通点がある

書類選考で落ちる履歴書・職務経歴書は、どこに問題があるのか……。中小・中堅の求人企業の経営者、また年間に数百通以上の応募書類を見るという採用人事担当者たちの話を聞くなかで気づいたことがある。落とされるのは、採用側の視点に立って考えるような想像力が欠如している応募者の書類なのだ。ごく大まかに言うと、それらには2つの共通点が見られる。

まず、ひとつ目が《採用側との気がまえの落差》だ。とりにかかる人件費は、3年でザッと一千万円を超す。求人企業は、それを含んで経営の生命線となる人材を募集している。ところが、届く応募書類は「これが応募先に数千万円の支払いを決断させる」という自覚が感じられないものが相当数ある。求人広告を見て応募するのは自由だ。しかし、いかにも面倒くさそうに作成したもの、真剣味や誠実さに欠ける応募書類が選考に通るはずはない。

ふたつ目が《情報量の不足または過剰》である。よく「とりわけ目立つのが、採用すべきかどうかを判定する情報が不足しているものだ」「出身大学がいけないのだ」「年齢が高いから不利だ」と訴える転職希望の相談者がいるが、それ以外に判断基準となる情報がなければ、採用担当者は応募者の学歴や年齢に注目せざるをえない。

逆に、自分がいかに多様なキャリアと実績を積んできたかを伝えようと、履歴書のほかに数ページにもわたる自己紹介書や職務経歴書を添付しているものもある。これはそれなりの評価をされることもあるが、求人企業は社会人経験の長い応募者に多い。それなりの評価をされることもあるが、求人企業が知りたいのは"多様なキャリア"ではなく"自社に必要なキャリアやスキル"の有無だ。限られた時間で選考を行う担当者には、すべてを読み込んだうえで必要な情報

勘違いに気づかず同じミスを繰り返していないか

最近は、ある程度のコストをかけて求人募集をすれば、たった1名の採用枠に対して、数十倍もの応募者が集まるのも普通。業界や職種、また示された労働条件の中身によっては応募倍率が百倍以上になることもある。いきおい書類選考は厳しくならざるをえない。そうした競争の現実を認識し、もう一度、自分の応募書類を見直し、採用側に立った厳しい目でチェックしてみることをおすすめしたい。

とくに留意してほしいのは、誤字・脱字などの単純なミスではなく、何か大きな勘違いをしていないか……という点。書類選考で落ちつづけている人は、気づかないまま何回も同じ間違いを繰り返している恐れもある。

本書では、これまで著者が体験的に触れてきた採用選考の現場の声を参考にして、よくある誤解や応募者が犯しやすい間違いなどをとり上げてみた。また、転職者たちからよく相談されてきた疑問や悩みどころなどをもとに、履歴書・職務経歴書づくりの考え方、書き方の基本技術を記し、できるだけ具体的に理解していただくため実例見本も多くとり入れるようにした。

本書が読者のみなさまの転職活動のお役に立ち、志望企業に採用される一助となれば幸いである。

小島美津子

まえがき　書類選考で落ちたら応募書類を見直したい

第1章　履歴書の基本のキホン
"気軽な応募"のイメージを与えないこと

あなたの履歴書にこんな間違いはないか？
- ①市販の履歴書用紙の選び方で採否が変わる……10
- ●各種の履歴書用紙とその特色……12
- ②《写真》は文字より強い印象を与える……16
- ●写真の"撮られ方"の注意ポイント……18
- ③数字や固有名詞は正確であることが大前提……20
- ●卒業年度早見表／資格の正式名称の例
- コラム／採用担当者の本音
- ●内容を読む前に選考対象からもれる！

第2章　履歴書の書き方①
経歴や取得資格など"事実"をどこまでどう書く？

同じ経歴が、書き方でここまで変わる
- ①《冒頭欄》にも致命的な落し穴がある……22
- ●冒頭欄の書き方……24
- ②《学歴》はケースに応じて遡る意味がある……26
- ●学歴欄の書き方……28
- ③《学歴》のブランクにはワンコメントを添える……30
- ●ケース別の学歴欄の書き方
- ④《職歴》は勤務先社名に基礎情報をプラス……32
- ●職歴欄の基本の書き方
- ⑤アピールできる《職歴》を書きもらさない……36
- ●ケース別職歴欄の書き方
- ⑥職歴の中の"売り"を整理する
- ●職歴アピールのポイント

第3章 履歴書の書き方②

意欲や適性、仕事姿勢をどうアピールするか

選抜段階で注目される自由記入スペース

① 《志望動機》の"ワースト5"表現 ……………………………………… 52
●何がいけない「ワースト5表現」を避ける

② 会社・仕事との接点を整理してみよう …………………………………… 54
●志望動機のタイプとアレンジの注意

③ 未経験職種への応募は精神論からの脱出がカギ ………………………… 56
●未経験者の志望動機（事務系への転身／営業・販売系への転身／専門職系への転身）

④ 同職種への応募はステップアップ意識を明確に ………………………… 58
●経験者の志望動機

⑤ 《退職理由》は欄がなくても必ず触れるべき事項 ……………………… 62
●退職理由の書き方で変わる評価

⑥ 《本人希望記入欄》の率直さが減点評価になることも ………………… 64
●本人希望記入欄の書き方

⑦ 《趣味・特技》で適性や物事への取り組み姿勢を示す ………………… 68
●趣味・スポーツ・特技・好きな学科の書き方

⑧ 《健康状態・性格》はプラスひと言で説得力が増す …………………… 72
●健康状態・性格の書き方

⑨ 《通勤時間》《扶養関係欄》は待遇とも関わる重要項目 ……………… 74
●通勤時間・扶養家族数・配偶者の扶養義務の書き方

⑦ 《職歴欄》の退職理由は様式に従って簡略に ………………………… 40
●職歴欄の退職理由の書き方

⑧ 経歴を表記する語句で常識レベルがわかる …………………………… 42
●勤務先で"入・退"の表現は変わる
●こんな経歴・気になる経歴の書き方

⑨ 《免許・資格欄》の書き方で評価は激変する ………………………… 46
●免許・資格欄の書き方

コラム／採用担当者の本音 ………………………………………………… 50
●経歴や資格がチグハグで人物像が見えない

第4章 応募書類とは何か
選考に必要な情報を提供してこそ"応募書類"

① 「履歴書」＋「職務経歴書」を応募書類と考えよう ……84
② 採用担当者がチェックすること ……86
● ケース別応募書類　入社1年未満の転職 ……88
③ 履歴書と職務経歴書
● ケース別応募書類　入社2〜3年目で未経験の仕事に ……90
④ 履歴書と職務経歴書
● ケース別応募書類　2〜3年の実務経験を生かし転職 ……92
⑤ 履歴書と職務経歴書
● ケース別応募書類　5年以上の経験を売る転職 ……94
⑥ 履歴書と職務経歴書
● ケース別応募書類　外資系企業への応募 ……96
英文履歴書とカバーレター

職歴の浅い人ほど「職務経歴書」が有効な自己アピールに

⑩ 弱点を自覚して《自由記入》のスペースでカバー ……78
ハンディ・カバーの書き方〈転職回数が多く勤務年数も短い／応募条件の〈免許・資格〉がない／年齢が高めである／正社員としての勤務経験がない／職歴にブランクがある／失業期間が長引いてしまった／まだ在職中で、すぐの出社はムリ／育児と両立中の女性である／自宅が遠くて通勤時間が長い〉

コラム／採用担当者の本音 ……82
●公式書類であるとの認識がない応募者たち

第5章 職務経歴書の書き方
自分が"採用される理由"を一覧できるように整理

① 「職務経歴書」で何をどう書いたらよいのか ……100
●職務経歴書に盛り込みたい情報
履歴書にある情報の繰り返しでは意味がない ……102

第6章 応募書類の提出

郵送か持参か、提出方法による留意事項もある

志望先の選考手順により違う提出方法

① 〈郵送〉なら添え状をつけて定形封筒で
- 封筒の書き方／宛名・敬称の書き方
- 《直接郵送》の際の添え状（基本形）
- 《電話後郵送》の際の添え状
- 弱点フォローを考えた添え状
- 求人をしていない企業への添え状

② 応募連絡のメールは基本情報の提供が必須
- Eメールによる応募連絡

③ 持参による提出では後フォローが重要
- 面接後の礼状の書き方

④ 増加しているサイトからのWEB応募
- 転職サイトのWEB応募の手順
- 応募サイトの応募フォームの例
- 応募フォームの職務経歴書の書き方

⑤ 「履歴書」「職務経歴書」以外の提出物もある
- 作品や企画の提出・持参の際の注意点
- 「自己PR書」の書き方

●コラム／採用担当者の本音
提出の際の印象で応募書類の印象も変わる

② 書式が自由な分だけ創意・工夫で差がつく
- 「編年式」「キャリア式」「フリースタイル」のフォーム例

③ 職種別の選考ポイントを押さえることがカギ
- 事務職の職務経歴書には「PCスキル」を必ず記述
- 営業職は実績数字を特筆したい
- 販売職は商品や店舗スタイルも明記
- 接客サービス職は業種・業態も明示
- 技術職は専門技能のレベルを明確に
- 制作職は表現の傾向についても触れる

136　132　128　126　124　118　116　108　104

| 付録

自分を知ることが勝ち残る条件

転職プロセスの記録

応募先ごとに活動内容をまとめておこう………138

おわりに　周到な準備をした人が採用される………140

●応募書類提出前のチェックリスト

装丁・DTP／石岡裕邦

第1章

履歴書の基本のキホン
"気軽な応募"のイメージを与えないこと

履歴書の作成は、就職や転職の第一関門。未経験の仕事にチャレンジする人もキャリアに自信のある人も、ここでつまずいては先に進めない。たった1枚の履歴書がどう見られるか……人事担当者の立場になって自分の書き方を再チェックすることが大切だ。

ないか？

●空欄が多いほど正体不明の印象（❻❼⓬）
はじめての転職なのに、学歴・職歴欄の広い履歴書用紙を選んだことが、そもそもの失敗。妙に白紙部分が目立ってしまい、意欲が希薄な印象を与える結果に。空欄が多いものは「自己アピールする履歴書なのに、書き込みがないこと自体が"正体不明"で減点材料」など、採用担当者には総じてマイナス評価を受ける。

●西暦と年号の同時使用は非常識（❽）
生年月日や入学・卒業、入・退社、資格取得など履歴書には年月表記の欄が多い。日本企業の場合は"昭和"や"平成"といった年号による表記が普通だが、最近は外資系企業への応募などで西暦を使う例も多くなっている。どちらにする場合も、混在させないことが基本。

●修正は"気軽な応募"の証明に（❶⓫）
履歴書では"訂正"は不可。記入ミスをした場合は、新しい用紙で書き直すのが基本のキホンだ。2本線で消して直したりするのは論外。修正液を使いましたものにも「このくらいなら、まぁいいだろうという応募者の姿勢が見え見え」という採用担当者の意見が多い。

●マニュアル言葉は避けたい（❿）
志望動機欄は、履歴書の中でもとくに採用選考に直結する。熱意ある応募者は、このスペースで何とか自分をアピールしようと苦労しているもの。本当に「グローバルな事業内容に興味」を感じたのなら、その理由やそこで自分ができること、取り組みたいことまで書くべき。

●応募職種さえ不明確で選考できない（⓬）
「特になし」という記述は、空欄と同じ。本人は「何でもやります」という意思表示をしているつもりでも、採用担当者は「入社意欲なし」と受け取るのが普通だ。また、どんな場合も希望職種の明記は必須。同時に複数の職種を求人募集している会社の場合は、応募職種が不明確だと選考対象外とされてしまうケースもある。

10

あなたの履歴書にこんな間違いは

誤字・脱字に注意し、黒インクで自筆……。ちゃんと書いたつもりでも、ちょっとしたことで"手抜き"や"非常識"との印象を与えていないか。履歴書の基本、見落としがちなミスを再チェックしてみよう。

● "まとめ書き"が一目瞭然！（❶❿⓫）
志望先に合わせて書く欄を残し、まとめ書きするのはかまわない。だが、あとで記入した日付・通勤時間・志望動機欄に別のペンを使うと、"まとめ書き"が一目瞭然に……。「それが平気なこと自体にザツな印象がある」「相当アチコチに応募している人なんだなと思う」との採用担当者の声もある。

● 甘い糊付けやサイズにも注意！（❷）
写真の焼き増し代を惜しんで、使い回す人が多い。よくあるのは、サイズの合わない写真をカットして使ったものや何回も剥がして貼り直した分、厚くなったもの。また再び剥がして使いたいのか一部だけ糊付けしたものなど。すぐ落とされなくても目立つだけにマイナス。

● 経歴ブランクには何らかの説明を（❹）
疑問点の多い応募者は"要注意"とされる。この１年間の学歴ブランクは"浪人"のせいか大病をしたのか？ 最終学歴のみの履歴書用紙を使う方法もあるのに、あえてブランクのある学歴を書いたという自覚をもつべき。

● 略称や略記号は使わないのが鉄則（❸❺❾）
履歴書は正式書類。昭和をS、平成をHとしたり、株式会社や有限会社を（株）や（有）と略すのはルール違反。資格名も、"英検"などの略称ではなく正式の名称で書くのが正しい。ましてや同じ文言の繰り返しだからといって、「〃」などの略記号を使うのはルール違反。

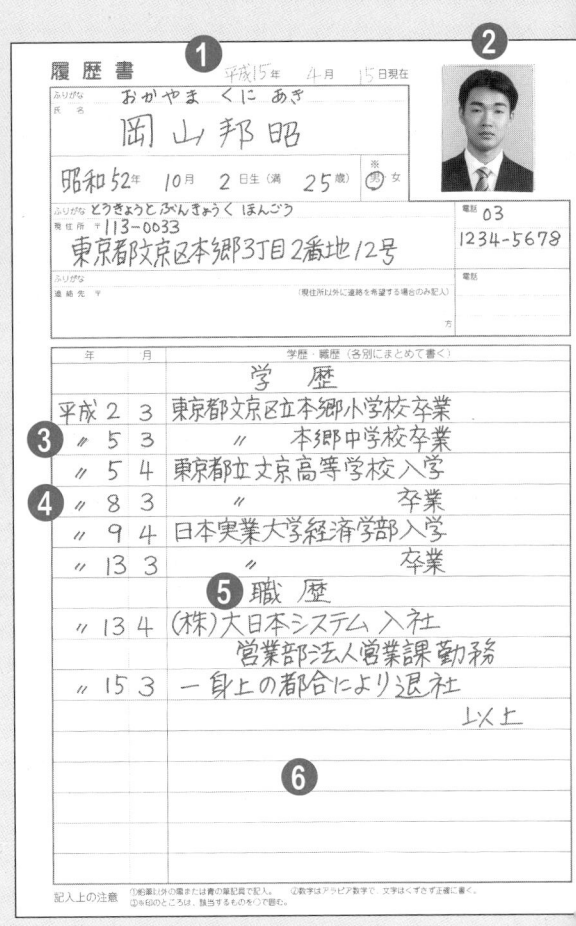

11　第１章　履歴書の基本のキホン● "気軽な応募"のイメージを与えないこと

1 市販の履歴書用紙の選び方で採否が変わる

■「どれも似たようなもの」と思うのは間違い

求人企業によっては「履歴書は弊社ホームページの専用書式をダウンロードして使用」といった指示も見られる。だが、そうした例は非常にまれ。通常、履歴書は市販用紙を購入して使うことになる。問題はその用紙の選び方だ。

どれも似たようなものと思うのは間違い。実は履歴書用紙は、JIS規格のもの以外はメーカーによって多様な種類があり、項目欄の内容、記入枠の大小も違う。記述できる内容にも差が出るため、無作為に選んではいけない。不適切なものを選ぶと、不利な空欄が多くなるおそれもある。

また用紙選びに関し、よく「ファイルしやすいA4判を選ぶべきか」との質問がある。結論から言うと、どちらでもOK。ただし、圧倒的多数の応募者がB5判履歴書用紙を使っている現状もあり、A4判は種類が少ない。大抵はJIS規格の用紙を使うことになるが、記入枠が大きいので全体のバランスに配慮して書く必要がある。いずれにしても、選考時の重視事項はサイズよりも記述された内容だ。自分の欠点が目立たず、強みを伝えやすい用紙かどうか……を優先して選びたい。

なお「パソコンで履歴書を作成してよいか」という質問も多い。大抵の場合、その質問は「字を書くのが苦手だから」という理由による。

■パソコンで記入した履歴書ではダメか

たしかに外資企業への英文レジュメなど、パソコン作成のケースはある。だが日本語の履歴書ならば、とくに指定がない限りは避けたほうが無難だ。採用担当者によっては「然るべき内容が盛り込まれていれば、どちらでもかまわない」という声もある。しかし、多くの担当者はパソコンで作成した履歴書に対してあまり肯定的な見方をしていないことが伺えるからだ。

それらの意見をまとめると3つ。①「通常の履歴書のほうが整理しやすく選考もしやすい」②「履歴書では手書きの文字が見たい」③「形式を無視し物事をマイペースで進める独善的な傾向を感じる」というもの。明確な理由がなければ、冒険は避けるべきだろう。字が苦手でも、応募先への熱意を伝えるつもりでていねいに手書きすることをおすすめしたい。

●各種の履歴書用紙とその特色

■学歴・職歴欄の広い《JIS規格》の履歴書用紙

厚生労働省が推奨している用紙。公的機関の採用などでよく使用されている。本来、公正な採用選考には不要とされる趣味欄などが省かれ、学歴・職歴欄が広いのが特色。ただし空欄ができがちな点に注意。とりわけキャリアの浅い人の場合は、志望動機欄や本人希望記入欄をどう使うかがカギ。

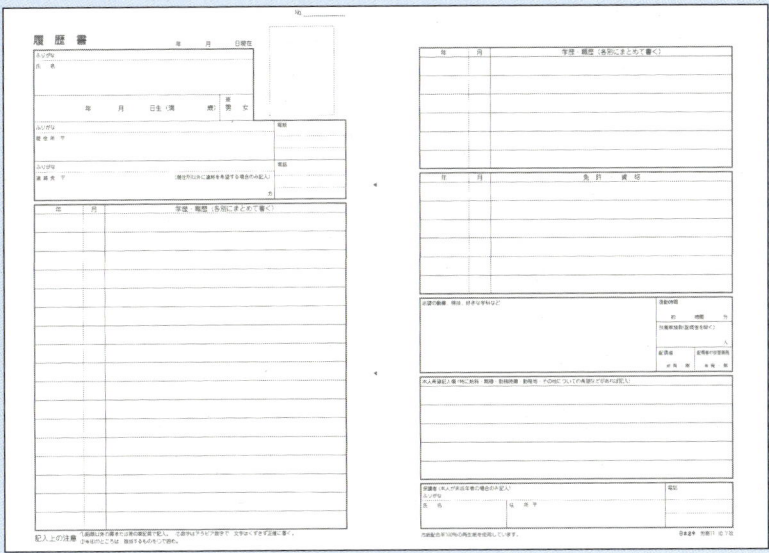

■最終学歴のみ記入する《転職者用》の履歴書用紙

社会人経験の長い人には、とくにおすすめ。免許・資格欄に加えて特記事項を書く欄もあって、業務関連のスキルを伝えやすい。また前職の退職時給与額や希望給与額など勤務条件に関する項目のほか、退職理由や出社可能日など採用担当者が知りたいと思う情報の項目欄が設けられている。

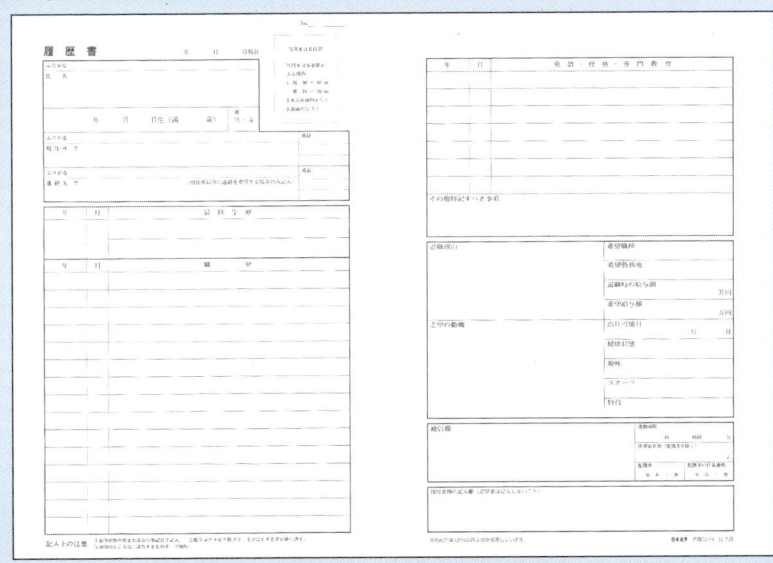

■右側を《自己紹介書》としてまとめた履歴書用紙

まだ社会人経験の浅い、若い人に向く。得意な学科・趣味・スポーツ・健康状態の項目があり、それを活用して志望する業界や職種への適性をアピールするにはうってつけ。志望動機欄や本人希望記入欄は罫線がない自由記入形式のため、文章量の調整もしやすい。

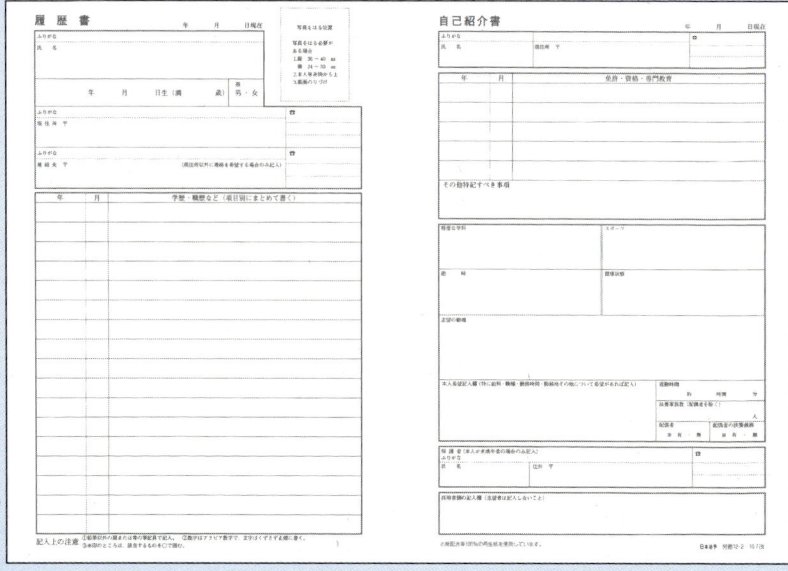

■《自覚している性格》を設けた履歴書用紙

上のものより若干は年齢の高い人を想定していると思われる。得意な分野・性格・個人的な体験・特技といった項目欄で、未経験の仕事への適性や可能性をアピールするのに向く。広い自由記入形式のスペースを生かして、伝えたいことをシッカリと盛り込める。

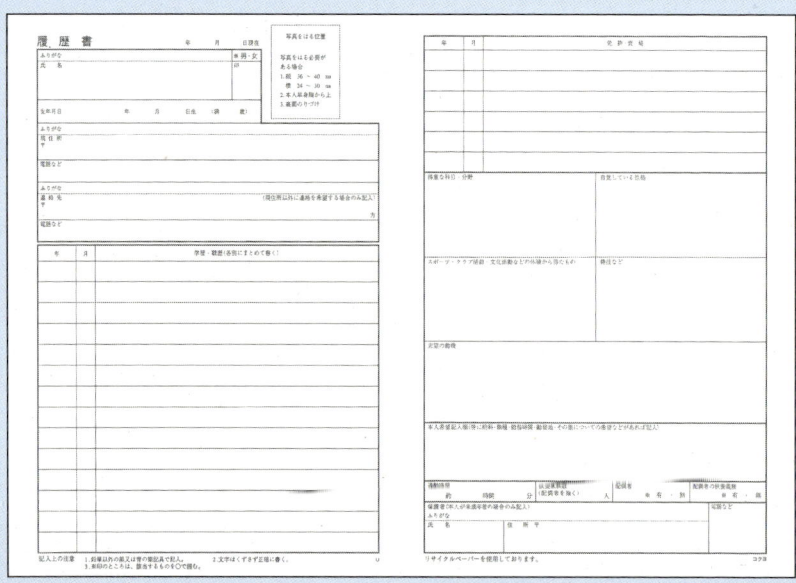

■《携帯電話・メールアドレス》欄もある履歴書用紙

まだ若く職歴の浅い人を想定している履歴書。携帯電話やメールアドレスのほかに、FAX、留守電の有無など連絡先の記述がしやすく、ひとり暮らしの転職者に便利。採用選考に必要な情報もシッカリ盛り込まれているが、その分自由記入スペースは少ない。

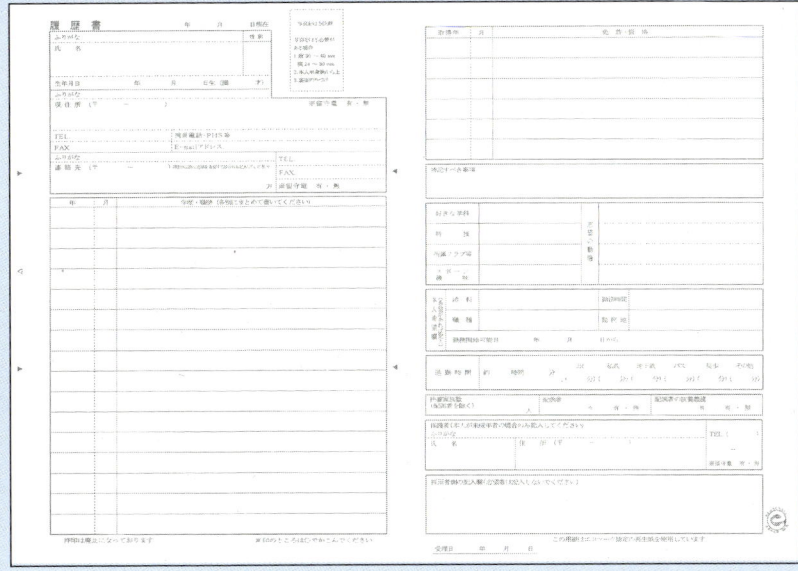

■《自由記入スペース》をとくに広く設けた履歴書用紙

志望動機や個人的な体験、特技、本人希望記入の欄など自由記入のスペースを可能な限り広くとっているのが特色。その分、活用しやすく、応募上のハンディをカバーする自己アピールなどもしやすい。本人希望記入欄には罫線があり、箇条書きには好都合。

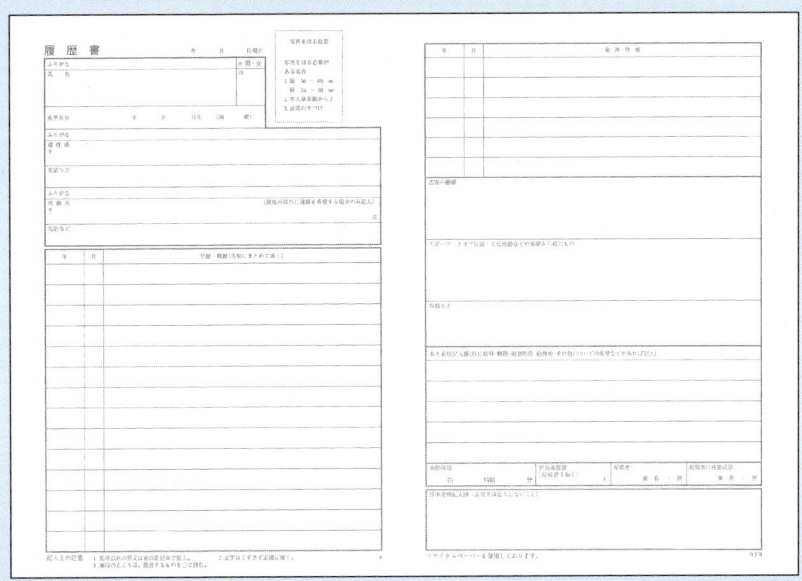

2 《写真》は文字より強い印象を与える

■ スピード写真は避けるべき

履歴書の写真に関連し、よくあるのが「スピード写真ではマズいのか」という質問。貼付していないよりはいい。また、採用担当者によっては「写真のクオリティは問わない」といった声もある。だが、一般にスピード写真は人相が悪く見えるうえに"お手軽な応募"の印象を与えがちだ。

こうした質問をする応募者には、そもそもの勘違いがあるようだ。それは、履歴書の写真を《証明写真》だと思っていること。証明写真とは、パスポートや運転免許証、受験票の写真など、本人であることを証明・確認する役割を果たすもの。規定サイズで正面を向いた顔が写っていればOK。清潔感や誠実さなどは不問である。

しかし、履歴書の写真はどうだろうか。応募書類は本人の手元を離れ、独立した存在となって志望先に選考される。写真は、その際に本人の身代わりに"面接"を受けることになるのだ。乱れた髪や疲れた表情の写真、レジャーウェアの写真が履歴書に向かないというのも、それが理由だ。

実際、どんな転職ノウハウ本も履歴書の写真は写真館で撮影することを推奨している。その分、ほかの応募者は採用選考を受けるのにふさわしい"最上の自分"を演出した写真を貼っていると考えて臨む必要がある。スピード写真を貼るのは、そんな準備万端のライバルたちがいる面接会場になりふりかまわず駆け込んでいくようなものだ。

■ 写真代を倹約してチャンスを逃すな

写真館での撮影法もいろいろあり、焼き増しが不要なら費用も安く即日で仕上がるものもある。プロのカメラマンに撮影してもらえば、そうしたインスタント写真でも自然な仕上がりになる。撮り方に加えて、サイズやカットの仕方にも気を配るべき。写真は履歴書の什方、貼り方後、全面にノリづけして貼るので周囲を汚さないように。また戻ってきた履歴書の写真を使い回すなら、せめてバレないよう細心の注意をしたい。希望条件に合う応募先はめったにない。写真代を節約できても、せっかく見つけた志望企業へのアプローチが不利になるようでは意味がない。

●写真の"撮られ方"の注意ポイント

■清潔感・健康的・誠実さがキーワード

自分の身代わりに"面接"に送り出すつもりで、服装や髪型、表情に気を配りたい。迷ったときは、清潔感があるか・健康的で誠実に見えるかを念頭に。営業やサービス系の職種ならソフトな印象、事務系なら理知的な印象も考慮して。

■複写コピーされることも考える

カラーでも白黒でもよいが、求人企業によっては白黒のほうがベターとの声も聞く。理由は役員用などに履歴書を複写コピーすることがあり、その際にカラー写真だとオリジナルとは印象に変化が出てしまうからだとか。カラーなら女性の口紅の色も自然色がよいが、白黒写真なら少し濃い色がいいなど撮影時の注意もあるので気をつけよう。

男性の場合

＜服装＞ スーツでなくても白または淡色の無地のシャツにネクタイ、紺か黒のジャケットを選べば無難。ネクタイ着用が望ましいが、派手な柄のものやループタイなどは避けよう。

＜髪型＞ 額を出す。ボサボサした印象にならないように調髪またはカット。とくに側頭部や後頭部の髪が飛び跳ねているのはだらしない印象。長髪の人は、せめて後ろで結ぶなど工夫を。

＜メイク＞ 意外と目立つ唇の荒れは、リップクリームをつけてよく馴染ませる。額のテカリや汗はていねいに拭き取り、必要ならパウダーを使用。眉が薄い人は自然に見えるように補正したい。

＜表情＞ 鏡を見て表情を研究しよう。キツく無愛想に見える人は"瞳で笑う"、ダレた印象があるなら奥歯を噛み締めて口角を上げ気味にするなど。アゴは突き出さないよう心もち引く。

柄モノのシャツ、エリなしのセーターやTシャツなどは避けたい。また撮影が夕方になる際は、不精ヒゲや顔のテカリにも注意。

いわゆるビジネススーツ着用が基本。撮影前に、ネクタイの歪みや髪の乱れを直す。メガネ着用の人はズレに注意し、正位置に。

女性の場合

＜服装＞ 透ける生地、レースやフリルを多用した服はNG。ビジネススーツに準じた、濃い色のカチッとした服を選びたい。アクセサリーは避けるのが基本。ピアスも目立たないものに。

＜髪型＞ 額・眉・頬が隠れたり、長い髪を肩の前に出すのはNG。全体にボリュームを抑え、キリッとした感じにまとめる。髪を染めている人の場合、色は瞳の色より淡く写らない程度が許容範囲。

＜メイク＞ ノーメイクは避けたい。ファンデーションも普段よりやや厚く塗り、首のほうまでボカシ伸ばす。モノクロなら、口紅は濃い色のものを。アイラインやアイブロウもメリハリ感が出るように。

＜表情＞ 鏡を見て表情を研究。コツは男性と同じ。目は心もち見開き気味に。また常時のメガネ着用が避けられない人を除き、できればコンタクトレンズや裸眼での撮影がおすすめ。

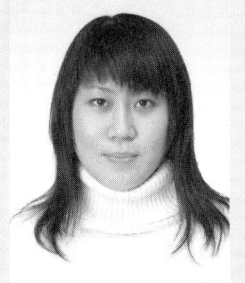

タートルネックのセーターも髪型も、ラフで気軽な印象を与え不利。白っぽい服やノーメイクもしまりがなく見えるので避けたい。

ジャケットを紺や黒などにして、ブラウスを白にすると清潔感が出る。V字のエリ開きはスッキリした印象になる。

3 数字や固有名詞は正確であることが大前提

■履歴書は契約相手に提出する正式な書類

求人募集への応募とは、企業に対して「私を採用しませんか？」と打診すること。つまり提出する応募書類、そのために自分の情報を伝えるのが応募書類。つまり提出する履歴書は、求人企業と労働契約を結ぶための事前資料とも言うべき"正式文書"なのだ。

採用された応募者の履歴書は、企業に長く保管されるのが一般的。その記述内容は、採用後も《給与体系》など各種手続きの基礎資料として使われるため、正確であることが大前提。たとえば経歴の詐称など、事実と異なる記述は内容によっては解雇理由にもなってくる。

とりわけ気をつけたいのが、数字や固有名詞。社会人経験の長い人の場合、卒業年を間違えやすいので注意。また学校名や会社名はもちろん、資格や検定は似たような名称のものがあるので正式名称で記入、またランクも明示することが必要。わかりにくいものは実施・認定機関名なども添えるとよいだろう。

●資格の正式名称の例

英検	文部科学省認定 実用英語技能検定
色彩検定	文部科学省認定 ファッションコーディネート 色彩能力検定
日商簿記	日本商工会議所主催 簿記検定
全経簿記	全国経理学校協会主催　文部科学省認定 簿記能力検定
秘書検	文部科学省認定 秘書技能検定
販売士検定	日本商工会議所主催 小売商（販売士）検定
CG検定	文部科学省認定 CG検定（画像情報技能検定CG部門）
MOS(MOUS)	マイクロソフト オフィス スペシャリスト認定 ※ワードエキスパート、エクセルスペシャリストなど種類も明記
MOT	マイクロソフト オフィシャル トレーナー認定
漢字検定	文部科学省認定　日本漢字能力検定
普通免許	普通自動車（第一種）運転免許

●卒業年度早見表（早生まれの場合は卒業年度が1年繰り上がる）

生まれた年	小学校卒業	中学校卒業	高等学校卒業	大学卒業
平成3年 1991	平成16年3月 2004	平成19年3月 2007	平成22年3月 2010	平成26年3月 2014
平成2年 1990	平成15年3月 2003	平成18年3月 2006	平成21年3月 2009	平成25年3月 2013
平成元年 1989	平成14年3月 2002	平成17年3月 2005	平成20年3月 2008	平成24年3月 2012
昭和63年 1988	平成13年3月 2001	平成16年3月 2004	平成19年3月 2007	平成23年3月 2011
昭和62年 1987	平成12年3月 2000	平成15年3月 2003	平成18年3月 2006	平成22年3月 2010
昭和61年 1986	平成11年3月 1999	平成14年3月 2002	平成17年3月 2005	平成21年3月 2009
昭和60年 1985	平成10年3月 1998	平成13年3月 2001	平成16年3月 2004	平成20年3月 2008
昭和59年 1984	平成9年3月 1997	平成12年3月 2000	平成15年3月 2003	平成19年3月 2007
昭和58年 1983	平成8年3月 1996	平成11年3月 1999	平成14年3月 2002	平成18年3月 2006
昭和57年 1982	平成7年3月 1995	平成10年3月 1998	平成13年3月 2001	平成17年3月 2005
昭和56年 1981	平成6年3月 1994	平成9年3月 1997	平成12年3月 2000	平成16年3月 2004
昭和55年 1980	平成5年3月 1993	平成8年3月 1996	平成11年3月 1999	平成15年3月 2003
昭和54年 1979	平成4年3月 1992	平成7年3月 1995	平成10年3月 1998	平成14年3月 2002
昭和53年 1978	平成3年3月 1991	平成6年3月 1994	平成9年3月 1997	平成13年3月 2001
昭和52年 1977	平成2年3月 1990	平成5年3月 1993	平成8年3月 1996	平成12年3月 2000
昭和51年 1976	平成元年3月 1989	平成4年3月 1992	平成7年3月 1995	平成11年3月 1999
昭和50年 1975	昭和63年3月 1988	平成3年3月 1991	平成6年3月 1994	平成10年3月 1998
昭和49年 1974	昭和62年3月 1987	平成2年3月 1990	平成5年3月 1993	平成9年3月 1997
昭和48年 1973	昭和61年3月 1986	平成元年3月 1989	平成4年3月 1992	平成8年3月 1996
昭和47年 1972	昭和60年3月 1985	昭和63年3月 1988	平成3年3月 1991	平成7年3月 1995
昭和46年 1971	昭和59年3月 1984	昭和62年3月 1987	平成2年3月 1990	平成6年3月 1994
昭和45年 1970	昭和58年3月 1983	昭和61年3月 1986	平成元年3月 1989	平成5年3月 1993
昭和44年 1969	昭和57年3月 1982	昭和60年3月 1985	昭和63年3月 1988	平成4年3月 1992
昭和43年 1968	昭和56年3月 1981	昭和59年3月 1984	昭和62年3月 1987	平成3年3月 1991
昭和42年 1967	昭和55年3月 1980	昭和58年3月 1983	昭和61年3月 1986	平成2年3月 1990
昭和41年 1966	昭和54年3月 1979	昭和57年3月 1982	昭和60年3月 1985	平成元年3月 1989
昭和40年 1965	昭和53年3月 1978	昭和56年3月 1981	昭和59年3月 1984	昭和63年3月 1988

こんな応募書類はNG 採用担当者の本音

内容を読む前に選考対象からもれる!

■乱暴な書き方や力を入れず走り書きした字

履歴書にも見た目の第一印象はあります。いろんな折り方をしてクシャクシャになったもの、乾く前に下書きの鉛筆を消してアチコチ直したのかインクがこすれて汚れたもの、修正液でアチコチ直したものなどには、やはり好印象は抱けない。それ以上に悪いのは、なぐり書きや走り書き。すぐ落とすことはしませんが、やはり真面目な応募者とは思えません。(雑貨専門商社)

■第二新卒なのに大学の履歴書での応募

愛校心なのか、単に用紙が残っていただけか…。新卒者募集ではないのに、大学の履歴書で応募してくる人がときどきいます。重視したい職歴や経験の記述は希薄で、得意な学科やクラブ活動、スポーツのことがみっしり。記述内容が中途採用の選考にはそぐわないことも気づかない応募者なのだと判断せざるをえません。(不動産販売)

■まるでDMのようなパソコンによる履歴書

パソコンで作ったオリジナル履歴書。市販の用紙の書式を真似てあり、写真もとり込むなどソフト活用スキルがあることはわかるのですが、どうもプリントアウトしたものをDMのように相当数の求人企業に送付しているようでした。そういう"数打てば当たる"といった姿勢は不愉快だし、

■写真の歪んだ切り方や傾いた貼り方は減点

誰でも履歴書を手にすれば、まず写真に目がいくもの。にもかかわらず、切り口がギザギザだったり、定規も使わなかったのか台形にカットされたもの、傾けて貼ったものもある。自分をアピールする大切な書類でさえ……と思えば、あまりの大雑把さが気になります。几帳面であることが重要な仕事には向かない人だ、と。(会計事務所)

■住所や社名の間違い、切手の貼り忘れや不足

当社は募集職種により差があるものの、選考は全般的に面接重視です。だから履歴書の"うっかりミス"の許容範囲も他の業界より緩い。しかし、住所や社名に間違いがあったり、切手の貼り忘れや不足など首を傾げるようなものが……。そこまでくると、もう"面接重視"とも言ってはいられないのが正直なところ。(アパレル製造販売)

■「特になし」ばかりで右側が白々しした履歴書

常識もない人だと判断しました。(広告代理店)書き方見本のような形式的な記述が1行、また「特になし」など。簡潔というより妙にサッパリと淡泊な印象の履歴書があります。転職者の場合、履歴書の右側が白々している応募者は、不利というより、人物像が見えないので選考のしようがないですね。(コンピュータ関連)

"もプリントアウトしたものがあることはわかるのですが、どう"要な仕事には向かない人だ、と。(会計事務所)

20

第2章
履歴書の書き方①
経歴や取得資格など"事実"をどこまでどう書く？

履歴書に虚偽の記述は絶対に禁物だ。学歴・職歴も取得資格も、事実のままに正直に書くのが前提。しかし、伝えるべき"事実"は目的により違うもの。それは、自己紹介のスピーチの内容や表現が私的な集まりと仕事の会合とでは変わってくるのと同じことだ。

わる！

● 自分の経歴のどこに焦点を当てるかが大切

専門知識や技術面で、とくに切り札となるような資格・免許をもっていない応募者が志望企業にアピールすべきは、やはり実務経験があることや、それに相応した実力である。そこに焦点を当てて職歴をきちんと書くと、同じ経歴の持ち主でも、まったく違った履歴書になる。

応募者によっては、義務教育を含めた学歴を通じて選考に有利な情報をアピールできる例もあるが、そうしたケース以外なら、学歴は省略してもOK。ある程度の社会人経験がある人ならば最終学歴のみでもかまわない。

よく「職務経歴書を添えるから、履歴書の記述はシンプルでもいいのでは……」という人がいるが、これは間違い。くわしい内容は職務経歴書で説明するにしても、独立した書類として完成させるのが履歴書の基本。採用担当者が最初に見るのは履歴書なので、その時点で必要最低限の情報を伝えておかないと、場合によっては職務経歴書をじっくり読んでもらえない恐れもあるからだ。

同じ経歴が、書き方でここまで変

あなたが書くのは"転職のための履歴書"だ。
大切なのは採用選考の判断材料となる経歴が書けているかどうか。
応募先の企業や仕事と無関係なら、小・中学校の学歴省略もＯＫ。
そこを理解しているかどうかで、同じ応募者でも履歴書には差が出る。

● 作成するのは《お見合い用》の履歴書ではない

社会人経験は約8年で、今回の転職は4回目……。この応募者の場合は、入・退社の記述が多くなることを見越してJIS規格の履歴書用紙を選んだのかもしれない。
「新潟県で生まれ育ち、東京の短大を卒業した後、3社の経理部門で働いたがいずれも退職。詳細な理由は不明」というのが、この履歴書から得られる経歴情報だ。記述はないが、"ひとり暮らし"なのかもしれない。
《本人希望欄》には「キャリアを生かしたい」という記述があるが、これまでの職場でどんな経験を積んできたのかは不明。では、スキルはどうかと見れば《免許・資格欄》に記入されている関連資格は、正直なところ経理経験者を募集をしている企業に"切り札"として認められるほどのものではない……。こうした書き方をしてきた人は、何のための履歴書なのかを再考すべきだろう。

23　第2章　履歴書の書き方①●経歴や取得資格など"事実"をどこまでどう書く？

1 《冒頭欄》にも致命的な落し穴がある

■ **本人の基本データだから記入もれは禁物**

冒頭欄は、日付や住所や氏名、性別など比較的スラスラと記入できるだけに「ここに人柄が出る」という採用担当者もいる。実際、普段から書き慣れているせいか、とかく粗雑になりがちだ。「性別」のマルが無造作に流れているのを見ると、応募者の心がまえが伺える」との声さえある。初対面のあいさつのつもりで、ていねいに書きたい。

なお、氏名は戸籍に登録されているものを記入。仕事で旧姓を使いつづけている既婚女性、また「澤田」を「沢田」、「齋藤」を「斉藤」など新字体に変えて使っている人も、履歴書では正式の氏名を書くのが原則だ。もちろん記入もれも防ぎたい。提出日や投函日を記入する《日付》の書き忘れに注意したり、名前や住所の《ふりがな》も面倒がらずに記入することが大切だ。

最近は国のガイドラインに沿って《押印欄》を廃止した履歴書用紙が主流になっているが、もし欄があれば必ず押すこと。スタンプ式のネーム印はNG。安価な市販の認印でよいので朱肉を使っ て枠の中央にまっすぐに押す。ほかの紙で試して朱肉のつき過ぎやカスレのないようにしよう。

■ **在職中の会社を《連絡先》にするのは厳禁**

冒頭欄で唯一、多くの応募者が迷うのは《連絡先》だろう。家族と同居している人は無記入にするのが一般的。また、ひとり暮らしの人は実家を連絡先にする例も多い。いずれの場合も、あらかじめ家族に応募先社名や連絡がある旨を伝えておくことが必須。家族がセールスの電話と思い込み「お断わりします」と間髪入れずに切ってしまった……といった話もあるからだ。

また直接連絡がほしい場合も、在職中の会社を連絡先にするのはルール違反。気をきかせたつもりで「個人名でおかけください」などと書き添え、非常識なうえに自分勝手な応募者と思われれば致命的なダメージになる。この頃は通常の電話連絡がとりにくくても留守番電話やファックス、携帯電話、あるいはEメールなどがある。連絡方法としては、それらのうちいずれかを記しておけばこと足りるし、不利になることはない。

●冒頭欄の書き方

■基本の書き方

●戸籍の氏名を記入
氏名は戸籍に登録されている名前・字体で記入。仕事では旧姓を使用している既婚女性の場合などは、必要なら通信欄などにその旨を記入。ふりがなは漢字に対応させて記入。ひらがなが普通だが、もし欄に「フリガナ」とあればカタカナで書くのも常識だ。

●欄がなければ押印は不要
最近は押印欄のないものが主流。平成9年に閣議決定された「押印見直しガイドライン」に沿って履歴書の押印が廃止されたためだが、もし履歴書用紙に欄があれば必ず押すこと。押印のミスで書き直しをするリスクを考えると、押印欄のない用紙を選ぶほうが賢い。

●日付は提出日または投函日
日付は"書いた日"ではなく提出日、郵送の場合はポストに入れる日を書く。日付を空けて履歴書をまとめ書きする場合などは、書き忘れることが多いので注意。なお、あとから記入する際も必ず同じペンを使用すること。

●マルもていねいに
性別は該当するほうをマルで囲む形式が普通。無造作な走り書きのマルは厳禁！　たかがマルひとつで「いい加減な応募者」と思われないよう、なるべく正円になるようにていねいに書こう。

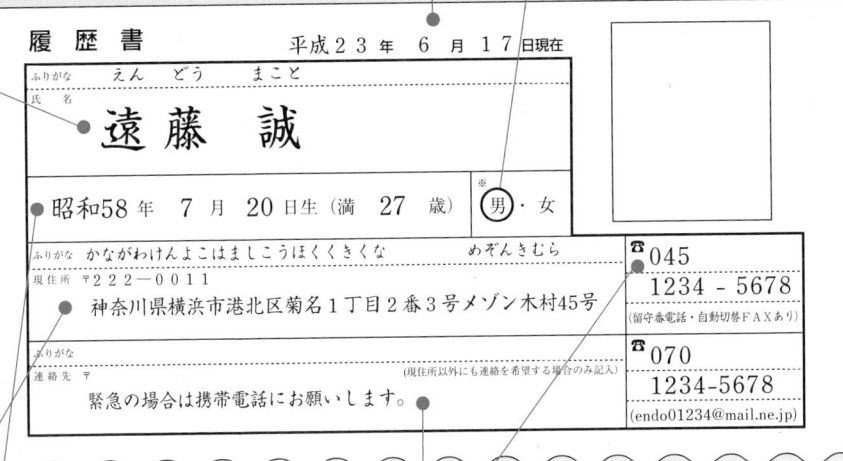

●生年月日は「元号」から記入
生年月日と満年齢を記入。「昭和」など元号から書く。ここで西暦を使ったら、学歴・職歴や免許・資格の欄も西暦にする。なお"満年齢"とは、言うまでもなく誕生日を迎えた時点で数える普通の年齢。履歴書の提出日時点の年齢を書くので、この人の場合は7月20日で年齢が変わる。誕生日が近いときに転職活動をしている人は、ここも日付と一緒に書き込むようにするとよい。

●現住所は住民票の通りに
都道府県から書くのが基本。番地も1－2－3などと略さずに丁目・番・号を書くほうがよい。アパートやマンションの部屋番号もきちんと記入。また、ふりがなは番地部分は省略してかまわない。現住所は住民票の通りに書く。新卒者などで住民票が郷里にあるような場合には、連絡先欄に現居住地を書き、その旨を書き添えるとよい。

●市外局番も必ず記入
たとえ自宅と志望企業の市外局番が同じでも、電話番号は必ず市外局番から記入する。数字は判別のしやすさが大切。また留守番電話やFAXがあれば、応募先企業からの連絡を考えて書き添えておくとよい。

●連絡先は意外な落とし穴
ひとり暮らしや在職中の場合など、連絡先として郷里の住所・電話番号などを記す場合は、家族への事前説明が必須。耳の遠い高齢者や幼児が応募先からの連絡を受けないか……など、適切な応対が望める状況であるかどうかも事前に考慮しておきたい。
また、たとえ職場の了解を得ているようなケースでも、くわしい事情を書ききれない履歴書に在職中の職場の電話番号を記入するのは厳禁。応募先の担当者によっては致命傷となる。
なお現住所と同じ住所・電話番号の記入は必要はない。大抵の履歴書用紙の連絡先欄には、その旨の"但し書き"があるため、記入すれば事務能力や注意力の欠如との印象を与えがちだ。

2 《学歴》はケースに応じて遡る意味がある

■有利になる特殊な学歴は大いにアピール

学歴は小学校・中学校は卒業年月のみを記入し、高等学校以上は入学年月と卒業年月を記入するのが通常。一般に転職者の場合は、新卒入社の応募者ほど学歴は重視されないと言われている。

実際、「転職者用」として販売されている履歴書用紙は最終学歴だけを書き込む様式になっている。社会人経験の長い応募者にとって、何十年も前の小・中学校のことを記述する必要性は乏しく、意味がないのが普通だからだ。

では、最終学歴が大学の応募者の場合は、それ以前の学歴の記述は無用なのか……と言えば、それはケースバイケース。志望業界や企業、また携わる仕事に関連のある学歴なら、小・中学校や高校のこともアピールポイントになるからだ。

たとえば、ある自動車メーカーの広報へ転職を志望した応募者は、最終学歴は文系大学だったが工業高校出身で自動車・機械に関する基礎教育を受けたことを学歴欄と志望動機欄で伝えて評価されたという。そのほか配属地で育ったために土地カンがある、初等教育を海外で受けたり高校時代に交換留学生の経験があり語学に自信がある……など、少しでも学歴が選考で有利になる情報を含んでいると思う場合は、自己アピールの根拠として遡って記述するとよいだろう。

■ケースに応じて学習内容も明記したい

同じ理由で、学生時代に学んだ内容も注目する価値がある。とくに、社会人経験の浅い人や実務未経験の仕事にチャレンジする人の場合は、基礎知識の有無は選考に影響を与えるもの。

専修学校・短大・大学については、学部や学科、専攻を記すのが基本だが、少しでも仕事に関連する可能性があるなら研究テーマや卒業制作・卒業論文などのこともアピールポイントになる。

なお、仕事に直接的に関係する内容の学習でも、職業訓練校への通学、またパソコンや語学など各種スクールでの受講などは《学歴》とはならないので注意。くわしくは後述するが、これらは学歴欄ではなく《免許・資格欄》に別項目を設けて記入するのが履歴書のルールだ。

●学歴欄の書き方

■基本の書き方（交換留学生経験がある人の例）

年	月	学歴・職歴など（項目別にまとめて書く）
		学　歴
昭和60	3	長野県飯田市立○×小学校卒業
昭和63	3	長野県飯田市立○×中学校卒業
昭和63	4	長野県立第一○□高等学校入学
		平成元年9月～平成2年6月　交換留学生となる
		アメリカ合衆国オハイオ州立ブエナビスタハイスクール10学年
平成　3	3	長野県立第一○□高等学校卒業
平成　3	4	東京○×学院外国語学部英語科入学
		英語教育専攻
平成　7	3	東京○×学院外国語学部英語科卒業
		卒業論文「英語表現とジェンダー」

●**学校名は略さず正確に記入**
たとえば「慶応大学」ではなく「慶應義塾大学」と文字も名称も略さずに正式に記入。また「卒」ではなく「卒業」、「××高校」ではなく「××高等学校」と書くのが正しい。

●**留学先を明記**
留学については、時期や期間、国名、学校名などを記入する。

●**卒業制作や論文もアピール**
専門学校・短大・大学などは学部・学科・専攻なども書く。必要なら卒業制作や論文について触れると、学習内容に関するイメージが湧きアピールポイントになる。

■社会人経験の長い人は、職歴を中心にする

年	月	最　終　学　歴
平成　7	3	国際○○大学政経学部経営学科卒業
		経営情報学専攻　卒業論文「経済の国際化と情報メディア」

●**最終学歴のみ記す用紙を使い、職歴に焦点を当てる**
とくに学歴アピールの必要がなければ、最終学歴のみ記すタイプの履歴書用紙を使うと職歴がよりクローズアップされる。学んだ内容のうちアピールしたいことも追記。学習内容にも簡単にふれる。

3 《学歴》のブランクにはワンコメントを添える

■最悪の憶測をさせないことが大切

学歴記入に際して、書き方に迷うのが浪人や休学・留年、また中途退学の経験者だろう。

まず浪人や休学・留年など、学歴ブランクについてだが、普通、それなりの職歴を積んでいる応募者なら卒業年度の1～2年のズレが問題にされるケースは少ない。細かい学歴に触れる必要がなければ、最終学歴のみの履歴書用紙を使うのも一つの方法。

書かずにすむ学歴ブランクを、あえてクローズアップしないことも書き方の技術である。

だが、若い応募者に3年以上の学歴ブランクがあるようなケースは別。最終学歴のみを記しても、同じ年齢の人に比べて極端にキャリアが浅いことでブランクが一目瞭然。そればかりか、ブランクが生じた時期や理由がわからないので、さまざまな憶測を抱かれることもある。

最も防ぎたいのは「通常勤務に支障があるのでは」といった人事担当者の憶測だ。疑念を払拭できるならくわしい学歴を記述すべきだ。

自分の職歴とブランク年数の兼ね合いで最終学歴のみの履歴書用紙を使うかどうかを判断しよう。また学歴欄以外でも「すこぶる健康」あるいは「休学してワーキングホリデーを経験」などの事実情報を盛り込んでカバーしていくとよい。

■中退については簡単なコメントを加える

また中途退学については、卒業の場合と同じようにキャリアが浅い人の場合は、それに加えて必ず退学理由をワンコメント添えるようにしたい。

防ぎたいのは、採用担当者に「学校も中退し、前職場も長くつづきしなかった応募者である」といった飽きっぽい性格のイメージを抱かせてしまうこと。理由を書くことで、そうしたマイナス印象をなくすことも可能だ。

重要なのは、履歴書の記述内容によってマイナス印象を与えそうなリスクが予測される場合は、必ず"履歴書の中で"カバーしておくという点である。

●ケース別の学歴欄の書き方

■学歴ブランクの書き方

年	月	学歴・職歴など（項目別にまとめて書く）
		学　歴
平成　元	3	神奈川県横浜市立○△小学校卒業
平成　4	3	神奈川県横浜市立○□中学校卒業
平成　4	4	大東京学園○×高等学校入学
平成　7	3	大東京学園○×高等学校卒業
		●2年間、△△予備校に通学
平成　9	4	○×国立大学教育人間科学部地球環境課程入学
		3年次に海外ボランティア参加のため1年間休学●
平成14	3	○×国立大学教育人間科学部地球環境課程卒業
		卒業論文「環境対策とコミュニティ形成」

●**受験浪人時代の記述は通常は不要**
通常、大学進学時における1年間のブランクは"受験浪人"とみなされる。とくに理由や期間を明記する必要はないが、2年以上になれば予備校の記述によって真面目な受験生としての生活を示すのもひとつの考え方。

●**休学は時期や期間、理由を明記**
休学については理由や期間をワンコメントすることで、現在の通常勤務には支障がないことを伝えるとベター。本人の関心のありかを示すことで志望先によってはプラス評価につながることもある。

■中途退学の書き方

年	月	学歴・職歴など（項目別にまとめて書く）
		学　歴
平成　6	3	京都府京都市右京区立○○小学校卒業
平成　9	3	京都府京都市右京区立○□中学校卒業
平成　9	4	京都府立○×高等学校入学
平成12	3	京都府立○×高等学校卒業
平成12	4	○○学園大学文学部英米語学科入学
平成14	8	○○学園大学文学部英米語学科中退
		実社会での語学習得に関心を持ったことに加え、
		奨学制度変更など経済的な事情により退学を決意。

●**「卒業」の代わりに「中退」と記入**
中途退学の場合は、通常の「卒業」と同様に年月と学校名を記入。そのほか社会人キャリアの短い人はとくにワンコメントが必須。取り組んだことを最後までやり遂げずに途中で投げ出してしまう人ではないか……といった疑念を抱かせないよう、第三者が納得のいくやむをえない事情、前向きな姿勢などを書き添えるとベター。

4 《職歴》は勤務先社名に基礎情報をプラス

■ 具体的な仕事内容がわかるように書く

採用選考で最も重視される情報のひとつが職歴だ。この職歴欄の記述によって、採用担当者は応募者がどの程度の実務知識や経験があるか、自社に役立つかを読み取る。単純に年代順に勤務した会社名を羅列しただけの履歴書はNG。どういう経験をしてきた応募者なのかがわからなければ、採用すべきかどうか判断のしようがないからだ。

詳細な内容を職務経歴書で伝える場合も、履歴書に"必要最低限"の情報を盛り込むことは不可欠だ。職務経歴書は、あくまで履歴書の補足資料。応募者が多い場合は、まず履歴書だけを見る採用担当者もいることを念頭に置いておきたい。

その"必要最低限"の情報とは「どういう業界や職場で、どういう仕事をしてきたか」の2点。たとえば同じルートセールスでも、印刷業界とアパレル業界では仕事内容はまったく違う。これまでの勤務先業界がわかると、そこでの仕事の記述が簡単でも内容はグンと理解しやすくなる。〇〇銀行や□□証券会社など社名だけで業界がわかる

ケースや有名な企業でない限り、会社名だけでなく事業内容、必要なら資本金や従業員数など規模の目安も記すようにおすすめしたい。

また担当業務については配属部署や職種のほか、具体的な仕事内容を記すのが基本。スペースに応じて業績などプラス情報を入れる。

■ たとえ数ヵ月の勤務でも正社員なら記述

なお職歴に関し、よく耳にするのは「実は前職場は3ヵ月で退職。その会社のことも書かなくてはいけないか」という質問。ちょっとしたことで安易に辞める応募者だと思われたくない気持ちはわかる。だが、たとえ数ヵ月でも正社員として採用されて社会保険手続きも完了した会社なら、すべて記入するのが基本ルール。

とくに直近の前職場の社名は《雇用保険の被保険者証》にも記入されているため、隠していると入社後の手続きの際に問題となりがち。経歴詐称は採用の取り消しにもつながる。下手に隠すより職歴として記入し、ほかの欄でやむをえず辞めた理由や応募先での勤続意思を伝えよう。

30

●職歴欄の基本の書き方

●**事業内容や規模も書き添える**
勤務先の社名だけでなく、業界や職場のイメージを掴んでもらうために事業内容と規模を書き添える。

●**スペースがあれば1行空ける**
学歴の最終行から1行空けることもあるが、スペースがなければすぐ次の 欄でもOK。中央に「職歴」と記し、次の行から書きはじめる。

●**配属部署に加え担当業務を明記**
配属部署だけでなく業務内容を簡潔に記す。キャリアの長さとスペースの兼ね合いで、できる限り具体的な情報を入れて記述したい。

			職　歴
平成 9	4	株式会社□□商会　入社
		（事業内容：OA機器販売、従業員数：約300名）
		・新人研修の後、営業事務として××支店に配属
		・電話受注業務、売上帳票の作成と管理、書類作成
		営業職の補佐業務を担当。
平成10	9	同社・本社総務部に異動
		・総務事務として各種書類作成、備品の購買管理、
		給与計算、社会保険事務アシストを担当。
平成12	2	一身上の都合により退職
平成13	9	株式会社○○○　入社
		（事業内容：雑貨商社、従業員数：約60名）
		・総務部スタッフとして事務全般に携わるほか、
		給与計算、社会保険事務全般を担当。
平成15	1	一身上の都合により退職
			以上

●**項目区分はキャリア次第で柔軟に**
入・退社ごとに"年月の項目区分"をするほか、異動や昇格、アルバイトから正社員登用など雇用形態の変更などで区分する方法もある。職歴に合わせて柔軟に自己アピールにつながる項目区分を設定する。

●**職歴欄では詳細な退職理由は不要**
自己都合で辞めた場合は「一身上の都合により退職」が一般的。解雇やリストラの場合は「会社都合により退職」と記述。必要に応じて「契約満了につき退職」「業績不振により希望退職」などと記す。職歴欄ではくわしい記述の必要はない。

●**最後の「以上」も忘れずに**
最終行の次の行の右端に「以上」と入れる。

5 アピールできる《職歴》を書きもらさない

■応募先にとって何が役立つかを考える

20代の転職者たちの悩みとしてよく聞くのが、「履歴書に書けるような正社員勤務の職歴が少ない」といった声。とくに最近は、いわゆるフリーターも増えて、勤務経験はアルバイトだけというケースが珍しくなくなったせいもあるだろう。

しかし求人企業が注目するのは、何も正社員という雇用形態での経験とは限らない。とりわけ未経験者の応募も受け付けている会社なら、評価される経験の範囲は広いのが一般的。ある採用担当者は、「わずか1週間でも、真面目に働いてきた人と未経験者では違うはず。その人が前職で体得してきたものが、ウチの職場や仕事に役立つなら何であれ評価する」と断言する。雇用形態や期間にかかわらず、応募先に役立つ実務経験ならば自己アピールする価値があると考えるべきなのだ。

■ケースに応じて職歴の記述を考える

書類選考で落ちる人の多くは、どんな応募先にも同じ履歴書を提出しているケースが目立つ。とりわけ事実を記述する職歴欄は「変えようがない」

と思い込んでいるのだ。けれど、ひとつの仕事にも多様な側面があり、必要な知識や実務は広範にわたる。同じ職歴でも応募先に合わせて考えれば、クローズアップすべき内容にも差が出るはずだ。

たとえば営業一筋だった人の場合、志望も同じ営業なら扱い商品や営業スタイル、主要顧客先などを説明。だが、もし事務職に転身するなら、営業経験は「約80社の得意先管理および提案営業」「エクセルによる顧客帳簿作成や売上実績管理、パワーポイントによる提案書作成」といった記述を加えるほうがいい。

志望する仕事が未経験でも、接客や得意先対応、パソコン操作や書類作成、情報の収集や整理など応用できそうな実務の経験はないだろうか。また応募先と同じ業界や関連業種の経験から、専門用語や業界のしくみ、商品についての知識がないだろうか。自分の職歴から、少しでも応募先にマッチする知識や経験を洗い出してみよう。アピールできることを記述しなくては、履歴書に職歴を記す意味もなくなってしまう。

●ケース別職歴欄の書き方

■アルバイトやパートの職歴

●アルバイトやパート、契約社員としての勤務は、その旨を明記。また勤務時間・頻度についても記述するのがポイントだ。

			職　歴
平成11	7		有限会社○□商店　アルバイト入社
			（○×コンビニ・ＦＣ店経営、従業員：約15名）
			・学業の傍ら、○○駅前店に週4日勤務
平成12	4		本部研修後、キャスト（常勤アルバイト）となる
			・接客のほか、商品管理、売上管理、後輩指
			導やローテーション管理など店長を補佐
平成13	3		契約満了につき退職
平成13	3		株式会社ＡＢＣ　アルバイト入社（常勤）
			（カジュアル婦人服販売、従業員：約80名）
			・常勤の販売スタッフとして○○店に配属
			・接客のほか、陳列、在庫管理などを担当
平成14	3		サブチーフ（上級アルバイト）として○○店に異動
			・後輩指導や商品構成企画、売上目標管理も担当
平成15	2		一身上の都合により退職
			以上

●アピール要素になるなら、学生時代の勤務も含めて記述するのもひとつの方法。とくに、この見本のように学生時代からつづけて勤務したケースでは通算した勤務年数が長くなるので、「短期アルバイトのフリーター」というイメージがなくなりプラス。

●仕事内容は基本の書き方（P31）を参照。アルバイトでも考え方は正社員と同じ。担当していた業務を整理して記述することで責任をもって働いていたことを示せる。後輩の指導やローテーション管理などは、リーダーシップや調整力の裏づけにもなる。

■派遣スタッフとしての職歴

		職　歴
平成20	9	●派遣会社(派遣元)：株式会社○○サービスに派遣登録
		（以下の3社に派遣スタッフとして勤務）
平成20	9	●①株式会社○×（商社）・雑貨輸入部門
		仕事内容／輸入書類作成、受発注業務、
		エクセルによる各種文書作成など
平成21	8	●②△△株式会社（雑貨卸）・営業部門
		仕事内容／電話受注～納品手配業務、
		海外発注コレポン業務、輸入事務など
平成23	2	●③○○株式会社（運輸）・輸出入代行部門
		仕事内容／輸出入書類作成、船便手配、
		通関手配、為替業務など
平成23	3	○○株式会社にて就業中（4月末日まで）
		以上

●派遣による就業には、「一般労働者派遣」と「特定労働者派遣」の2タイプがある。よく知られているのは前者で、派遣会社に登録して条件の合う派遣先で働くスタイル。この場合の職歴は複数になるのが普通。派遣会社(派遣元)名を明記したうえで、「計○社に勤務」と記すのが書き方のポイント。

●また、派遣スタッフでも特定の会社に"雇用"されてほかの職場で働く"常備型"の「特定労働者派遣」の場合は、普通の正社員と同じように記述して、配属地として派遣先の会社を記すほうがベター。

●派遣された勤務先が2～3社ならこのように各社ごとの仕事内容を簡潔に書くとよいが、さらに多い場合は仕事内容だけをまとめて書いたり、ケースに応じて勤務先名と職種のみ記して「詳細は職務経歴書をご参照ください」などと書き添える方法もある。

■社会人キャリアが浅い人の職歴

			「職　歴」
平成22	4		株式会社○□化成　入社
			（化粧品製造販売・従業員数約800名）
		●	新人研修（4週間）で電話応対などビジネスマナー、業務や商品全般の知識、ＰＣ操作およびワープロ・表計算ソフト活用をひと通り学ぶ。
平成22	5		コスメティック営業部第2営業課に配属
		●	コンビニチェーン、大手ドラッグストア、卸問屋など約50社のルートセールスを担当。新商品の案内や店頭販促企画の提案、販売実態の調査などを行う。
平成22	11		ティーン向け新商品開発プロジェクトに参加
		●	得意先の店舗を中心にした市場調査と情報収集、開発会議での報告・提案などを行う。
平成23	2		一身上の都合により退職
			以上

● 社会人経験が1年ほどなら、記入したいのが社員研修のこと。ある程度以上の規模の会社が行う新人研修、またＯＪＴによる現場研修などは、キャリアが浅くても社会人としての基礎訓練ができていることのアピールになる。そのほか、専門分野の研修や受講は「免許・資格欄」に記入する方法もある。

● 短くても、志望する仕事に関係した業務を取り上げて項目立てするとインパクトがある。この実例見本はマーケティング分野への転職を狙う応募者。担当業務はルートセールスだが、営業としての実績より企画提案や販売実態調査を優先して記述している。

● 前職場に志望先に関連した社内プロジェクトなどがあり、少しでも関わっていたら、それを記述するのもひとつの方法。短期間の勤務を振り返って、その中でいかに志望の仕事に役立つ経験をしたかを最大限にアピールしていきたい。

6 職歴の中の"売り"を整理する

■キャリアのある人が陥りやすい誤解

転職市場では、即戦力となるキャリアをもつ人のほうが断然有利というのが一般的な考え方だ。前項では、そうした意味からキャリアの浅い人の例をひいて、自己アピールにつながりやすい職歴の記入法を記した。

では、豊富なキャリアがある人の書き方はどうだろう。実は役立つ職歴をもつ人ほど陥りやすい間違いもある。それは、華々しいキャリアを伝えようと詳細な《職務経歴書》を添付して安心してしまうのか、とかく《履歴書の職歴欄》の記述にはパワーを注がないという点だ。

採用選考の手順や方法は会社によって異なる。応募者が多い場合など、まずは履歴書でフルイにかけるという例が少なくない。職歴は、常に職務経歴書と合わせて吟味してもらえる……と思い込んでいると足をすくわれることもあるのだ。

基本の応募書類は、あくまでも履歴書。職務経歴書に頼りきらず、職歴欄で"必要最低限"の記述をして履歴書として完結させるようにしたい。

■自分の"売り"はどこかを明確にする

複数の職歴のある人も、応募先に合わせて役立つ知識や経験をクローズアップして記入するという考え方は同様。だが、とりわけ注意したいのは選考の現場では履歴書は"拾い読み"されるのが普通だということ。

職歴のすべてを羅列しておけば、どこかが応募先に評価されると思うのは甘い。ときには数十通、数百通にもなる応募書類の一人ずつの職歴をじっくりと読み込んで、そこから自社とマッチする点を探し出してくれる採用担当者がどれほどいるだろう。職歴をアピールするには、自分の"売り"がどこなのかを整理し、それが応募先に明確にわかるように記述する必要がある。

勤務先をもれなく記入するのは基本だが、たくさんの職歴を同列に扱う必要はない。とくにアルバイトや派遣スタッフとして働いた勤務先については、志望企業や職種と直結しないものは"まとめ書き"してOK。"ダラダラ書き"をしないことも大切なポイントだ。

36

●職歴アピールのポイント

■箇条書きで"拾い読み"に対応

			職　歴
平成19	4		株式会社○□交通　入社
			新卒入社。新人研修の後に、旅行事業部の営業課に配属されたため、得意先の法人や福祉団体を回ってバスツアーの勧誘や手配旅行への対応を行うのが主な仕事だったが、旅行企画にも携わった。
平成22	5		一身上の都合により退職
平成22	7		○○旅行株式会社　入社
			少人数の福祉関連の専門旅行会社だったので、関心のあった高齢者や障害者の旅の企画・手配の企画営業だけではなく、実際の添乗業務にも携わった。公的機関や高齢者保健施設、地域団体などが得意先だったが、その紹介などで新規の開拓をするのも仕事。
平成23	3		一身上の都合により退職
			以上

✕ 旅行業務を志望する応募者。旅行業界で働いてきたことはわかるが、会社の事業内容や規模についても簡単に記すとよい。内容的にはよく書けているが、文章形式なので読みにくいのが難点。

↓

			職　歴
平成19	4		株式会社○□交通　入社
			（観光バス・旅行会社／従業員：約120名）
			◇新人研修を経て旅行事業部・営業課に配属。
			◇営業職としてバスツアーや手配旅行の企画・提案。
			◇法人や福祉団体など約80件担当のほか顧客開拓も。
平成22	5		一身上の都合により退職
平成22	7		○○旅行株式会社　入社
			（福祉関連の専門旅行会社／従業員：8名）
			◇企画営業職として顧客開拓から、高齢者や障害者を対象にした旅の企画・手配、添乗業務までに携わる。
			◇公的機関や高齢者保健施設、地域団体など18件を担当。ほか新規顧客の開拓に努力する。
平成23	3		一身上の都合により退職
			以上

○ ほぼ同じ内容でも、箇条書きにすると印象が異なり拾い読みもできる。勤務先の特色も具体的に書くと、仕事内容がより理解しやすくなる。本人の指向や仕事への取り組み姿勢もわかってアピール効果が高まる。

■ケースに応じて項目を省略する

		職　歴
平成18	4	株式会社○○（不動産販売）　入社
		総務部で受付および事務として勤務
平成21	10	一身上の都合により退職
平成21	10	有限会社△△商事（衣料販売）　入社
		直営店で販売職としてアルバイト勤務
平成22	1	一身上の都合により退職
平成22	2	××株式会社（婦人服製造販売）　入社
		銀座店で販売職としてアルバイト勤務
平成22	7	一身上の都合により退職
平成22	7	株式会社□□（通信機器販売）　入社
		本社で営業事務として勤務
平成23	3	会社都合により退職
		以上

✗ 事務を志望する応募者。職歴ブランクを防ぐうえでもアルバイト勤務を書く意味はあるが、同等に記述したことでスペースが割かれ、伝えたい業務経験の内容が不明確。しかも頻繁な転職のイメージを与えてしまう。

⬇

		職　歴
平成18	4	株式会社○○　入社
		（不動産販売、社員数約80名／総務部に所属）
		・受付と事務を兼務し、勤怠管理、給与計算、社会保険事務、研修手配、ＰＣによる書類作成などを担当
平成21	10	一身上の都合により退職
平成21	10	以下の2社でアルバイト勤務、婦人服販売に携わる
		・有限会社△△商事（衣料販売）直営店
		・××株式会社（婦人服製造販売）銀座店
平成22	7	株式会社□□　入社
		（通信機器販売、社員数約120名／本社営業部に所属）
		・事務と営業サポートを兼務。受注書類作成と納品手配〜入金管理、顧客リストの作成管理、売上集計、またクレーム対応などを担当
平成23	3	会社都合により退職
		以上

○ 短期のアルバイト勤務はまとめ書きも可。ここまで書けば、業界経験のアピールにはなる。この例は志望職種が事務の場合。逆に販売職志望なら、アルバイトでもその実務経験の内容をクローズアップしていくとよい。

■職歴の一貫性をアピールする

			職　歴
平成18	4	○×株式会社（建材メーカー）　入社	
		新人研修の後、営業部に所属し事務を担当。	
平成20	9	一身上の都合により退職	
平成20	10	株式会社□□繊維（服飾メーカー）　入社	
		営業推進部に所属、店舗システム管理を担当。	
平成22	1	一身上の都合により退職	
平成22	3	株式会社□□（通信機器）　入社	
		契約社員としてユーザーサポートを担当。	
平成23	2	契約期限満了につき退職	
			以上

✕ 複数の業界や職種を経験してきた応募者。具体的にどんな実務を担当してきたのか不明確なため、経験アピールができないだけでなく、職歴に一貫性がないと思われてマイナスイメージにつながりがちだ。

⬇

			職　歴
平成18	4	○×株式会社　入社（建材メーカー／営業部）	
		・営業事務職として受注事務、各種書類作成のほか、全社的OA化に伴う部内のPC操作指導係となる。	
平成20	9	一身上の都合により退職	
平成20	10	株式会社□□繊維　入社（服飾メーカー／営業推進部）	
		・店舗システム管理を担当。社内PC研修講師、外部業者窓口を務め、イントラネット導入に伴うPOS改編などに携わる。	
平成22	1	一身上の都合により退職	
平成22	3	株式会社□□　入社（通信機器／契約社員）	
		・ユーザーサポートを担当。得意先企業に出向、機器環境整備のほか同社グループ社員400名を対象に、電話やオンサイトでのサポートに携わる。	
平成23	2	契約期限満了につき退職	
			以上

○ 職務経歴書に頼らず、基本情報を記述。職歴の中から志望する仕事に役立つ自分の経験を拾いあげて、ひとつのストーリーづけをする工夫も大切だ。技術レベルはともかく、本人の指向が明確になるだけでもインパクトが強まる。

7 《職歴欄》の退職理由は様式に従って簡略に

理由やきっかけは多様化の一途をたどっている。従来は、「会社都合により退職」と書くと選考の際にマイナスイメージになると思われてきたが、最近ではそうしたイメージも払拭された。

むしろ本人には責任のない会社の都合でやむなく転職に至った応募者のほうが、「自分勝手な都合で転職を繰り返している応募者より、会社への帰属意識の高さを感じる」という採用担当者の話も聞く。

その意味では《職歴欄》の退職理由は、率直に書いてOK。また、ある程度の融通性をもった記述も、虚偽でない限りは許されると考えてよい。

たとえば、就業規則の定年に達する前に〝早期退職者募集〟に応じた場合は、正式には「会社都合により退職」だが、本人の年齢やキャリア・プランによっては「一身上の都合により退職」と書くことも一概に誤りとは言えないからだ。

そのほかケースに応じた記述法と注意点は左ページの通り。

■「自己都合」か「会社都合」かを記述

退職理由は採用担当者が知りたい情報のひとつ。面接でもよく聞かれる質問として知られている。

ときおり「○○株式会社を退職」とだけ書いた履歴書も見かけるが、まったく退職理由について触れていないことが、懲戒免職など何らかのトラブルによる退職を想像させることも……。リスクを防ぐ意味でも、退職理由の記述は不可欠だ。

ただし履歴書の《職歴欄》には、くわしい事情の記述は不要。「より高度な仕事に従事したく思って」など、詳細な理由は別途に《退職理由欄》や《職務経歴書》に記入すればよい。ここで必要なのは、退職理由を大きく分類して伝えるための様式的な記述である。

正社員として働いていた人なら「自己都合」か「会社都合」かの2つ。細かい事情はともかく、自己都合で希望退職した場合は、すべて「一身上の都合により退職」と書けばOKだ。

■会社都合による退職は不利ではない

ここ数年、社会情勢の大きな変化の中で転職の

40

●職歴欄の退職理由の書き方

■契約社員の場合の一般的な記述

平成23	5	契約期限満了につき退職
		以上

あるいは「契約満了につき退職」など。契約更新制度の有無、また契約更新できずに退職したことなどはあえて書く必要はない。もともと契約社員の場合は期限を区切った雇用が普通なので、退職理由はさほど追及されないが、その辺をカバーするなら《退職理由欄》または《職務経歴書》などに前向きな事情を記入するとよい。

■リストラによる解雇などの記述

平成23	5	会社都合により退職
		以上

倒産やリストラによる解雇など、自己都合以外の退職を総称した書き方。倒産の場合は「倒産による退職」と率直に書くのもよい。リストラの場合に避けたいのは「人員整理のため希望退職」という記述。"肩たたき"の対象になった納得のいく説明がないとマイナス印象になりがち。むしろ「会社業績不振による希望退職」としたほうがベター。

■まだ在職中の場合の記述

平成23	5	一身上の都合により退職予定
		（5月20日まで在職）
		以上

または「現在、在職中（内定日より1か月で出社可能）」などと記述するのが一般的。在職中の応募者の場合、採用されてもすぐに出社できない点が不利になりがち。予定を示すことで、その弱点もかなりカバーできる。退職予定日、または出社可能日を必ず書き添えておくことが重要だ。

8 経歴を表記する語句で常識レベルがわかる

■経歴を台無しにする表現の誤り

履歴書では、あまり馴染みのない特有の形式的な表現が多く使用される。履歴書用紙についている"書き方見本"を参照すれば、経歴を記すのにどんな用語表現が適切なのか大まかなところはわかる。たとえば学歴の場合は、学校名に「入学・卒業」と添えていけばOK。ちなみに一般のセミナーや講習では「受講・修了」を使うのが正しいが、これは《学歴欄》には記述しないことになっている。また自由記入の場合は文章としてまとめるせいもあって、間違いは比較的少ないようだ。

問題は《職歴欄》。応募者の職歴はさまざまで、勤務先は決して"会社"とは限らないのが実情だが、たいていの見本にあるのは"会社"に使用される「入社・退職」のみ。というわけで、多くの人が考えられないミスを犯し、何回書いてもまったく気づかないケースさえある。

採用選考では、応募者の社会人としての常識レベルが厳しく見られるもの。誤った日本語で書かれた履歴書は、立派な職歴を台無しにするだけで

なく、常識のない人だというイメージも与えてしまう恐れもある。主な"入・退"の用語表現例は左ページの通り。勤務先に応じて使い分けるようくれぐれも注意が必要だ。

■合併や転籍では「入・退」を使わない

また所属企業の変化・変動には合併や子会社への転籍などもよくある。そうした場合、正式な雇用関係の手続きのうえでは前職場を「退職」して次の職場に「入社」となる例も多いが、履歴書の《職歴欄》では、その通りの表現は不適切。とくに社会人経験の少ない応募者の場合、見た目の印象が短期で転職を繰り返したかのように誤解して受け取られることもあるはずだ。

「〇年〇月 合併により□□株式会社へ転籍」などと表記することで、事実関係がわかりやすく伝わってリスクも避けられる。なお所属社名や具体的な業務内容にアピールすべき変更がなければ、合併についてはとくに触れなくても支障はない。

そのほか、よくある勤務先や雇用関係の変化・変動について書き方の実例を示した。

●勤務先で"入・退"の表現は変わる

公務員として働いていた
民間の"会社"ではないので「入社」ではなく「奉職」を使う。また定年退職以外では「辞職」と表現。
例：「〇年〇月　山奥村役場に奉職」
　　「〇年〇月　一身上の都合により辞職」

病院や個人の事業所で働いていた
同じく"会社"ではないので「入社」ではなく「勤務」を使う。
例：「〇年〇月　回復病院看護部に勤務」
　　「〇年〇月　病院の都合により退職」

家業の手伝いをしていた
家業でも法人登録をしていれば「入社」でよいが、それ以外なら「従事」を使う。
例：「〇年〇月　家業（飲食店経営）に従事」
　　「〇年〇月　一身上の都合により退職」

フリーランスなど個人で事業をしていた
フリーランスでの業務委託や個人での店舗経営は「開業・閉鎖」を使う。
例：「〇年〇月　ＰＣ入力受託代理店を開業」
　　「〇年〇月　一身上の都合により閉鎖」

会社を興して経営していた
自分が設立者となって会社を経営していた場合は「設立・解散または整理」を使う。
例：「〇年〇月　ゆめ有限会社（雑貨販売）を設立」
　　「〇年〇月　一身上の都合により解散」

■在職中に社名変更があった

○年○月	鈴木運輸株式会社（現・株式会社ベルウェイ）入社
	事業内容：引っ越しサービス業
	仕事内容：営業事務として受付センターに所属。電話応対や

会社合併や事業拡張などで具体的な業務が大幅に変わったというケースを除けば、社名変更の時期や理由について通常は触れる必要はない。入社時の社名の記述に添え、カッコ付きで変更後の現社名を書いておけばOK。

■在職中に雇用形態が変わった

平成19	6	株式会社エレガンス　アルバイト入社
		（カジュアル婦人服販売、従業員：約200名）
		・常勤の販売スタッフとして○○店に配属
		・接客のほか、陳列、在庫管理などを担当
平成20	4	正社員として登用
		・登用試験に合格、チーフとして○○店に異動

新たに年月の項目を立てるのが普通。それによって雇用形態が変更になった時期が明確になる。変更の内容、また「登用試験に合格」「精勤を評価され」など簡単に理由もわかるように記述するとよい。

■関連会社に出向となった

平成18	9	グループ会社（共同不動産株式会社）に出向
		・建設事業部の発足に伴う支援要員として配属
		・営業課長として業務システムの構築・管理、
		関係官庁・取引企業との連携づくり、顧客
		開拓に従事。

長期の出向や派遣の場合は、年月の項目を立てて配属先企業名を書く。配属先が関連会社ならば、それがわかるように記述。所属部署や役職、仕事内容は当然だが、この例のように特別な役割があれば、それも明記しておくとベター。

●こんな経歴・気になる経歴の書き方

■関連会社に転籍となった

平成20	6	株式会社五栄スチールに転籍
		・五栄物産株式会社を退職、グループ会社に入社
		・鉄鋼事業部生産技術部に所属、主任技術職として工程管理、品質管理、出荷規格検査法の見直しに携わる。

通常の転職のように「会社都合による退職」と「入社」の項目を立てるのではなく、「転籍」として項目を立てるほうが事実関係がストレートに伝わる。

■長期の休職があった

平成18	8	産後休暇に続き6ヵ月の育児休業を取得
		・在宅勤務制度発足のための試験ケースとして、LAN活用の業務システムづくりに携わる。
平成19	4	復職、総務部経営推進企画室に配属
		・社会保険関連業務など労務管理、社内報制作管理、社員研修の企画運営、在宅勤務制度の発足に携わる。

1年未満で元の職場に復帰しているなら"記述しない"という選択肢もある。だが、その休職が志望企業に何らかの意味をもつなら記述すべき。この例の場合は、育児と仕事を両立できることの実績アピールにもつながる。

■職歴ブランクがある

平成21	10	一身上の都合により退職
平成21	11	ボランティア活動に従事
		国際協力NGO「世界市民の会」の植林ツアーに参加、約1年半にわたり中国、ネパールでの植林・森林保全活動に携わる。

半年以上にもなる転職ブランクは不利になりがち。その予防のためにも理由の明記が必須。社会人留学、スクール通学、ボランティア参加など納得できる理由があればベター。転職による失業が長引いた場合もそれに準じたカバーの理由がほしい。

9 《免許・資格欄》の書き方で評価は激変する

■ "もらさず記入" も常識の範囲内で

取得年月順に正式な資格名を記述するのが《免許・資格欄》の基本であることはすでに述べた通り。また多くの転職ノウハウ本が、もっている免許・資格は趣味関連のものも含めてもらさず書くことを推奨している。人となりが伝わって、評価につながることもある……というものだ。

だが、この欄は本来は業務に必要な知識や技術のレベルを裏づけるためのもの。趣味やスポーツのライセンスは《趣味・特技欄》や《健康欄》に書くことも可能。《免許・資格欄》では、あくまでも志望する業界や仕事に関連したものを優先し、取得年度の新しいもの、内容や取得レベルが高いものを選ぶなど、全体のスペースやバランスを考えて取捨選択していくのが常識だ。

たとえば仕事関連のものでも、十数年も前に取得した「珠算3級」や「英検3級」などを書くのは無意味になりがち。ただポピュラー資格でも広範なニーズのある自動車運転免許は例外。長くペーパードライバーでいた場合も記入したほうがベター。

■ 単なる "好き" と "講座修了" では人違い

知っておきたいのは、難関の国家資格ばかりではないという点。応募先の仕事に役立つものなら、数十時間の講習で簡単に取得できる技能審査でも評価される。そればかりか取得段階のもの、スクール通学やセミナー受講など、専門教育もアピール要素になってくる。

同じ未経験者でも、単に「インテリアに興味がある」応募者と「通信講座でインテリア初級コースを受講中」の応募者では、基礎知識や意欲への評価がまったく変わる。虚偽の記述はできないが、少しでも自分の"商品価値"を高めるために、客観的な情報を提供する努力や工夫はすべきだろう。

そのほか退職により抹消された業界資格・社内資格も同じ。"所持・抹消"の事実を書くことで専門知識レベルの目安となる。こうした記述は《その他特記すべき事項》の欄がなければ、《免許・資格欄》の中に注記していくのが一般的だ。

●免許・資格欄の書き方

■切り札資格は未取得でも書く

年		月	免許・資格・専門教育
平成	15	11	文部科学省認定　実用英語技能検定2級合格
平成	16	8	普通自動車第一種運転免許取得
平成	18	6	日本商工会議所主催　簿記検定2級合格
平成	23	2	文部科学省認定　簿記能力検定（全経簿記）1級合格

その他特記すべき事項

本年7月の全経簿記上級試験を受験予定。上級合格により受験条件を満たし、税理士資格を取得して実務に生かすのが目標。

●仕事に直結する"切り札資格"ならチャレンジ段階のものや将来目標も記述したい。大切なのは「受験したい」といった漠然とした書き方でなく、「まさに受験準備中」であり「受験予定」にあることを伝える点。

●取得資格のレベル以上の実力があること、また明確な目標を掲げて転職を志していることをアピールできれば評価も変わってくる。

■仕事関連の専門教育経験や勉強中のものも書く

年	月	免許・資格・専門教育
平成 14	3	普通自動車第一種運転免許取得
平成 16	10	文部科学省認定　秘書技能検定2級合格
平成 21	10	文部科学省認定　実用英語技能検定2級合格
平成 22	9	マイクロソフト　オフィススペシャリスト（ＭＯＳ）認定
		Word2007（共通）、Excel2007（共通）
		PowerPoint2007、Access2007、Office2007

その他特記すべき事項
●現在、夜間ＰＣスクールに通学。Office2007やWindowsVistaの知識とインストラクション・スキル習得のためにＭＯＴ認定トレーニングを受講中。

●仕事に直結する知識や技能習得は、まだ勉強中であっても十分にアピール効果がある。学習内容も簡潔に記しておくとベター。仕事関連のセミナーやシンポジウム参加なども意欲アピールになる。

●ＭＯＳ認定試験のようにバージョンやソフト種類などで分類されているもの、税理士資格のように科目合格制度があるものは、取得（合格）した内容についても明記。

■具体的な内容やレベルも明記する

年	月	免許・資格・専門教育
平成18	1	普通自動車第一種運転免許取得
平成20	7	文部科学省認定　実用英語技能検定2級合格
平成22	10	ＴＯＥＩＣ公開テスト　スコア６８０点取得
平成23	2	社団法人日本経営協会主催　ＤＴＰ検定第二種合格

その他特記すべき事項
●ＤＴＰ検定は職能に合わせた技能評価検定。第二種は、基本のソフト活用や制作進行の指示・管理など広報企画や編集者の実務に必要なＤＴＰスキルを問うもの。ウィンドウズにて受験。

●新設資格、なじみの薄い資格などで社会一般の認知度が低いと思われるものについては、その資格の内容、また取得レベルがどの程度の実力の目安になるのかも簡単に書き添えるとよい。

●ＴＯＥＩＣなどの実力判定はあまり年月を経ると意味がなくなる。ＴＯＥＩＣの場合は年7〜8回開催され、地域ごとに試験会場も複数あって選べるので、受け直して現在の実力レベルを記述するとよい。

こんな応募書類はNG 採用担当者の本音

経歴や資格がチグハグで人物像が見えない

■アルバイトは職歴でないと感じる応募者

大学を卒業して2年もたつのに職歴欄は《特になし》。同時面接だったので尋ねると、アルバイトをしていたとのこと。弊社も店舗では販売のアルバイトがいますが、責任をもって働いています。語学力があれば未経験OKとした貿易事務の募集で、条件には合う応募者でしたが、アルバイトは職歴ではないと感じてしまう仕事姿勢に疑問があり、不採用としました。（雑貨輸入販売）

■転職の度に違う職種に移った説明がない

ときどき見かけるのは、事務あり販売ありOAインストラクターあり……と転職の度に違う職種に並んでいるような履歴書。何をしたい人なのかが見えず、気まぐれな印象を受けます。もしかしたら本人の中には何かしらの一貫性があるのかもしれませんが、職歴に並んでいるのは社名と職種の説明だけ。志望動機に意欲的な記述があっても、今度はまた別の新しい仕事をやってみたいんだなとしか思えませんね。（PCスクール）

■求められているものに鈍感な応募者

受付を募集。未経験でも適性や接客経験を重視して採用していく方針です。その意味で職歴に注目。事務系職種からの転職者の場合は、直接的にお客さまと接した業務内容の記述がある人を優先

します。販売や銀行窓口、営業などとは違い、事務の接客経験は書いてもらわないとわかりません。相手に求められているものに鈍感な応募者は、受付としての適性にも欠けているのではないかと思いますから。（ソフトウェアサービス）

■経歴や資格がチグハグで人物像が見えない

前の仕事を辞めて語学留学し、帰国後も英語と無関係な仕事に就いていたり、また、インテリアコーディネーター資格や医療事務資格など脈絡のない資格が並んでいるものなど……。人物像が見えにくく、疑問ばかりが目立つ履歴書は選考から漏れていくのが普通です。当社としてはユニークな方より安心して仕事を任せられる方に来てほしいので。（化粧品製造販売）

■免許・資格から応募姿勢がわかることも

当社は外国人スタッフも多い関係で、英語力のある方を歓迎。とくに資格は必須としませんでしたが、25歳にもなって高校時代の英検を書いてきたり、無資格だが自信はあるといった記述だけの履歴書も……。英語を使う仕事や留学などの経験がないなら、好きな時期に受験できるTOEICを受けるくらいの意欲はほしい。転職に際して客観的な実力を示せる、そうした手間も省いてしまう応募者ではダメですね。（医療情報サービス）

第3章

履歴書の書き方②
意欲や適性、仕事姿勢をどうアピールするか

　中途採用の書類選考には似たような経験レベルの履歴書が集まる。求人広告に「経験者歓迎」「実務経験〇年以上」「〇〇資格所持」などの条件があればなおさらだ。しかし、たとえ経歴・技能レベルが同じでも、採用後に戦力となるまでの時間、期待できる貢献度は応募者により違うもの。意欲や仕事姿勢、職場適性などが、大きな影響を及ぼすからだ。

ペース

○ ●どこでも入社できればいいのか……とは思わせない
《冒頭欄》《学歴・職歴欄》《免許・資格欄》につづいて設けられている項目欄は、選ぶ履歴書用紙によって違う。しかし、応募者がどんな用紙を選んでも、そこにある項目欄の記述内容を通じてチェックされることは大まかに言って３つ。つまり"意欲・仕事姿勢・職場適性"だ。そうした採用担当者の視点を念頭に置いて、自由記入の欄でも致命的な表現ミスは回避したい。たとえば「本社勤務を希望」していても、志望企業が配属希望を受け入れているかどうか不明な状況下では、もし支店配属の場合は"入社辞退"なのか……と思わせない工夫も。
また入社できればどこでもいい……というイメージを与えないよう、経験や知識、技能などの"売り"を「その応募先や仕事でどう生かしたいのか」を、自分の言葉で具体的に書くことがポイントだ。スペースに合わせ、ほどよい大きさの文字で簡潔にまとめていくことも、読んでもらうために忘れてはいけない要点だ。

52

選抜段階で注目される自由記入ス

書類選考では、意欲や仕事姿勢、職場適性などが総合的に評価される。
それを伝えるのが履歴書の右側に多く配置されている項目欄。
自由記入形式の欄が多いだけに、ライバルとの差もつきやすい。
ここを《特になし》とするのは自己アピールを放棄したも同じだ。

×

● 形式的な記述では"採用後"の姿が見えない

履歴書用紙に添付されている"書き方見本"を参考にして書いたのかもしれない……。項目欄があるから書いただけ、というような形式的な表現も気になる。

転職者なのだから「経験を生かして貴社で精勤したい」というのは書かなくてもわかること。ナゼこの会社に応募したのか、を書かないと《志望動機欄》の意味がない。それなりの実務経験があることは《学歴・職歴欄》でわかるが、正直なところ、この程度のレベルの応募者ならほかにもいるだろう。転職や仕事に対する考え方も不明だし、趣味も平凡で本人のパーソナリティが伝わってこない。しかも「本社勤務を希望」という言い分だけがハッキリと具体的に記されていて目立ち、身勝手な印象さえ与える……。

応募したライバルの中に実務経験者が多く、書類段階で厳しい選抜が行われる場合、こうした履歴書で勝ち残るには"強運"が必要になってくるはずだ。

1 《志望動機》の"ワースト5"表現を避ける

■採否を決定することも多い志望動機

自分の氏名や住所、学歴・職歴などの"事実"はスムーズに書けても、自由記入形式のスペースになると何を書いたらよいかわからない……という転職希望者の悩みをよく耳にする。意欲や真面目な勤務姿勢を伝えればいいのだと思いながらも、イザ書く段になると履歴書を前に考え込んでしまうケースが少なくない。その結果、どんなに有利な職歴をもつ応募者でも、逆に未経験というハンディをもつ応募者でも、似たような《志望動機欄》になってしまいがちだ。

改めて知っておいてほしいのは、《志望動機欄》が《職歴欄》と並んで重視されていること。履歴書はあらゆる観点からチェックされるものの、この2つの欄を見ればその応募者がどんなキャリアをもち、この会社でそれをどう生かしたいか……という急所をチェックできるからだ。逆に言えば、それがわかる自分なりの情報を記述して「だからこの会社（仕事）を志望した」と伝えなければいけない。

■マイナス印象を与える表現は避けたい

たとえば「これまでの経験を生かし」という表現は、経験者でも未経験者でも同じように書ける。どんな経験に注目してほしいのか、どう生かしたいのか具体的に書くことで、応募者の独自性が見える自己アピールになってくる。"書き方見本"などによくあるのは、誰もが使えるケースを設定した表現が多く、それをマネするとケースに欠けた記述になりがち。しかも「貴社の成長性に注目して」など、ときには応募先の実態に合わない言葉を使うことも常識までに疑われる例も……。

そのほか、ありふれた表現も安易な印象を与えがち。ある人事のプロによれば、最近は「人と接するのが好き」「人と接する仕事を志し」という漠然とした記述が流行語のように頻繁に登場するそうだ。無数にある人と接する仕事の中で、とくに応募先を選んだ理由の説明がない限り、「またか」とウンザリされるだけのようだ。

54

●何がいけない「ワースト5表現」

❌ **御社の事業内容に興味を感じて**

社員になりたくて応募したのだから、興味や関心があるのは当たり前。どんな会社にもどんな応募者にも通用するマニュアル表現だ。書くならば、どういう理由で事業内容のどういう点に注目したのか……まで記述すること。「御社の製品に興味」や「御社の将来性に期待」なども同じ。

❌ **憧れの業界（企業）だった**

履歴書はファンレターではない。夢や憧れを抱くのは悪いことではないが、重要なのはその憧れの業界や職場で何をしたいのか、何ができるのかということ。自分が果たすべき役割を棚にあげ、ただ憧れの気持ちを漠然と書きつらねるのはピントはずれ。「○○が好き」などの記述も要注意。

❌ **御社でいろいろ学びたい**

職場は学校ではない。意欲アピールや謙譲のつもりで書くのだろうが、まったく逆効果。教育や業務フォローを期待する"受け身"の印象が拭えない。たとえ未経験の仕事でも、自分なりに貢献できる点をアピールすべき。「勉強させていただきたい」「御社で○○を身につけたい」などの表現も同じ。

❌ **御社の社風が自分に合う**

社風が最優先事項なのか？　実際に勤務してみないと本当のところがわかりにくい社風や職場ムードに焦点を当てるのは危険。勝手な思い込みで物事を判断する人だといった印象を与えがちだ。「御社なら長く勤務できる」なども同じ。これらを書くなら、せめてなぜそう考えたのか根拠の説明が必要。

❌ **ヤル気は負けない自信がある**

応募したからには、ヤル気はあって当然のこと。重要なのはヤル気ではなく、実際に何がやれるかだ。「きっとお役に立てます」「何でもやります」も同じ。強烈に意欲アピールをしたつもりでも、ひとりよがりな抽象論は何の説得力ももたない。場合によっては、無責任な印象も与えてしまう。

2 会社・仕事との接点を整理してみよう

■ 自分らしく書くための"切り口"を探す

《志望動機欄》に何を書いたらよいか、またどこに焦点を当てて書いたらよいか迷ったときの解決法としてすすめたいのは、自分の会社選びや仕事選びに関連した事柄の整理。

方法は簡単だ。「志望業界」「応募する企業」「就きたい仕事」の各項目ごとに、

(1) それと関わることの何に魅力を感じるか
(2) そこで自分に何ができるか・したいか
(3) ほかの応募者と違う有利な点・不利な点はないか……

を箇条書きしてみることだ。

こうすると、最もアピールすべき"売り"はどこなのか、また場合によっては押さえておきたい"弱点のカバー"など、自分なりの切り口が見つけられるはずだ。

■ 書き方の"実例モデル"は上手に活用

《志望動機欄》を書くときに、転職関係のノウハウ本などによくある"実例モデル"を参考にするのは決して悪い方法ではない。ただし、上手に活用するには2つの重要なポイントがある。

まずひとつは、決して丸ごと引き写さないこと。ほかの応募者が同じ"実例モデル"を使っていることも想定して必ずアレンジを加えることである。モデル文は一般論的な記述が多いので、自分なりの具体的な事柄やエピソードなどを挿しはさむとベター。

ふたつ目はさらに重要。自分の"売り"や"弱点カバー"などの要点を踏まえ、それにマッチした切り口のものを参考にすること。

応募先の業界知識や商品知識もないのに、「貴社ブランドの先見性に注目し……」といったモデルをベースに使うと、説得力を増すための具体的な記述がしにくくアレンジも苦しくなる。

参考までに、切り口タイプ別の"実例モデル"と、それをアレンジして使うときの基本的な注意点を左ページに記した。

●志望動機のタイプとアレンジの注意

■マッチングを直球アピール

「実務経験者・給与３０万円以上」という求人広告を拝見し、責任ある高度な仕事を任せていただけると感じ応募致しました。外為業務や通関業務の経験をベースに、貴社で広範な商品の貿易業務に携わりたく思います。

マニュアル風に言えば「貴社事業が自己に最適」「扱う商品が私の希望に合う」など。会社概要・社風・応募条件・待遇条件などを挙げて、なぜ応募したかをダイレクトに訴えるタイプ。アレンジのコツは、その事柄が自分とどうマッチするのかを説明することと、その説明に必ず"売り"を書き加えること。

■実務経験をアピール

前職では特許出願に伴う技術資料の下訳、使用権契約など法務書類作成にも携わりました。特に医薬・化粧品などケミカル関連の国際特許案件を多く担当した経験を生かせる貴社で、産業翻訳者として勤務したく応募致しました。

同職種の実務経験のほか、前職での類似業務や業界知識、商品知識などをアピールするタイプ。未経験職種に応募するときにも、"使える"内容を拾って記述するとインパクトがある。職歴欄や職務経歴書と重複しがちなので、アレンジのときも応募先ですぐ役立つことに絞るなど工夫が必要。

■熱意や意欲をアピール

市場への広報・広告に関心を持ち、専門職を目指しました。前社退職後は養成校で印刷知識やＤＴＰ技術を習得。貴代理店で修業し、仕事を通じて企業と消費者を結び、常に成果を出せる企画制作職になるのが目標です。

仕事に対する興味や関心をアピールするタイプ。その仕事にどう取り組みたいかや将来目標とセットにするのがアレンジの基本。「未経験者可」や「研修制度あり」といった会社の場合は、このタイプの志望動機が効果を発揮しやすいが、基本スキルや何らかの勉強の実績を示すのもコツ。

■業務適性をアピール

営業経験はありませんが、接客販売やクレーム処理など対人的な業務、成果が見える業務にやりがいを感じてきました。大学で学んだ栄養学の知識も生かし、サプリメントを扱う貴社で新たなキャリアを積みたく思います。

志望する会社や仕事と何らかの形で関連する事柄をアピールするタイプ。関連資格のほか職歴では示せない専門知識、接客経験や特技など応用力が期待できる技能、目標達成意識や継続力などの志向適性……etc. ツボに当たるかどうかで効果が変わるため、アレンジのときは志望先に対する一定の理解も不可欠。

■会社への共感をアピール

社内託児施設など福利厚生の充実度や離職率の低さを広報する貴社に感動し、勤続できる環境と考えて応募致しました。別記の職歴や自主的に習得してきた技能を基礎に、会社に欠かせない人材として成長するのが目標です。

「経営理念に敬服し」「貴社製品を愛用し」なども、このタイプ。きちんと書けば概してウケはいいので、アレンジの際はマニュアルの引き写しと思われないように注意。些細なことでも本当に魅力を感じた点を取り上げ、そこに注目した理由を書くのがコツ。それが自分の"売り"と繋がるとさらによい。

3 未経験職種への応募は精神論からの脱出がカギ

■ 意欲アピールには"裏づけ"がほしい

実務経験のない応募者の場合、気をつけたいのは《志望動機欄》の記述が、とかく精神論で終始してしまいがちな点だろう。

気持ちのうえだけのことなら、何とでも書ける。意欲や熱意を伝えるには「一生懸命に努力します」といった記述だけでは不十分。意欲が本物であることを採用担当者に納得してもらうには、何らかの"裏づけ"を記述するのがポイント。将来目標を明示することはもちろんだが、そのために「資格を取得した」「スクールに通った」「独学で○○を習得」など、具体的な行動実績をアピールして、すでに目標に向けた努力がスタートしていることを示すのが上手な方法だ。

また、応用できる業務知識や基礎技能があればぜひアピール。パソコンスキルや接客・調整の経験などコミュニケーション力は広範な職種に使える。そのほか、職歴として書くほどではなかった補佐業務でも志望先に関連することなら基礎力として伝えることで評価は変わってくるはずだ。

■ チャレンジする業界・仕事との接点もアピール

また、意欲ある応募者なら、これまで志望する業界や仕事と何の接点ももってこなかったというのは不自然。あるブライダル関連企業の人事は、まったく違う分野から応募してきた未経験者の採用には警戒心をもつ……と言う。単なる憧れで応募してくるケースは論外だが、真面目そうに見える応募者でも業務内容の理解にズレがある例が多いからだとか。

確かに、そうした応募者では長期の勤続は望めず、教育投資がムダになってしまう。アパレル系の販売職、飲食系の接客サービス職などの場合、未経験者に対するハードルが比較的低いのも、業界環境や職場雰囲気、各人の役割などが部外者にもわかりやすいというのが理由のひとつと言える。

その意味では、応募先によって学生時代のアルバイトや個人的な事柄でもいいので、志望分野との接点を示すことも大切だ。業界や仕事に対する理解をもっていることを伝え、自分の関心・興味が一時的なものではないこともアピールしたい。

●未経験者の志望動機

■事務系への転身

ルートセールス → 一般事務	職務経歴書の通り事務経験者に匹敵するパソコンスキルはあります。これまで営業として、後方支援や適切で効率的な事務の流れの重要性を痛感してきた体験をもとに努力し、貴社で新たなキャリアを積みたく考えています。
フリーター → 営業事務	「エクセルに習熟」という求人広告を拝見して応募致しました。新卒時に希望に合う会社と出会えず、アルバイト勤務の傍らPC技能習得に努め別記のスキルレベルを獲得。それを生かせる貴社で長く勤続したく思います。
受付 → 経理事務	事務スペシャリストを目指すも、前社・総務部では受付配属となりました。実務経験はありませんが、簿記2級を所持。同業界のため、扱う業務の流れの概要がわかることを生かして、貴社で再出発したく応募いたしました。
営業サポート → 秘書	部署で唯一の内勤営業として、部長の日程管理や出張手配を含む別記業務に従事。補佐業務こそ主体的に取り組むべきと思う中で、それを役割とする秘書を志しました。貴社での勤務を目標に今は英会話講座を受講中です。
スポーツクラブフロント → スクール事務	顧客応対のほか、経営視点に基づく会員募集や委託指導員管理など別記の職務経験を生かしたく応募しました。事業分野は違いますが、貴スクールで"人と人・人と場の機能"を結ぶパイプ役を務めることが目標です。
専業主婦 → 医療事務	対人適性も生かせる医療事務職に注目し、養成校で認定資格を取得。貴医院の求人を知り応募致しました。診療報酬請求業務だけでなく、幅広い業務に携わって医療サービス提供の窓口としてキャリアを積みたく思います。

■営業・販売系への転身

銀行事務
▼
ハウジングアドバイザー

> 実家のマンション購入の際、貴社モデルルームのアドバイザーと出会い、やりがいのある目指すべき職業と感じました。金融知識や接客経験をもとに広範な専門知識を身につけて、お客さまに喜ばれる仕事をするのが目標です。

接客サービス
▼
自動車セールス

> 自分の工夫や努力がより明確な成果として現れる仕事として営業を志しました。前職でもお客さまに喜ばれることがやりがいでしたが、貴社では趣味を通じた自動車知識も生かして、お客さまと長く続く関係を築きたく思います。

営業事務
▼
販売職

> 前職では契約後のお客さま対応も担当。ご要望に沿った提案や助言をして喜ばれる仕事にやりがいを実感してきました。アドバイス販売に力を入れている貴ショップで、販売職としてのキャリアを積みたく考えています。

ホテルスタッフ
▼
飲食店スーパーバイザー

> 貴社のFC事業の立ち上げに魅力を感じ応募しました。前社では接客実務のほか、アルバイトや派遣社員管理、料飲部門オペレーション改正や徹底のための指導を担当。その経験を基礎に、会社と共に成長するのが目標です。

販売職
▼
テレマーケティング

> 職歴の通り複数の業界に勤務してきましたが、この分野では商品知識の習得やマナー、誠実さなど、さらに高度な接客努力が求められると感じて応募致しました。貴社でお客さまの満足度アップを実現していきたく思います。

生産管理
▼
営　業

> 貴社の実力主義に魅力を感じ応募致しました。品質規格や目標数量の達成、関連部署との連絡調整、細かな気配りによる取引先との信頼関係づくりなど、前職での業務経験も生かして新分野に挑戦し、実績を上げたく思います。

■専門職系への転身

総務事務 → ユーザーサポート	前職場で新入社員のPC指導に携わり、教える難しさと同時に楽しさを痛感して専門職を志望。基礎資格は取得しましたが「中途研修も充実」という貴社求人を拝見し、高レベルのプロを目指せると考えて応募致しました。
営業事務(アパレル企業) → 化粧品プレス	前職は営業事務でしたが、以前からプレスを志して広報・販促関連の業務や展示会業務の補佐、商品貸し出し窓口などを積極的に担当してきました。美術系の学歴や語学スキルも生かせる貴社で一歩を踏み出したく思います。
貿易事務 → 産業翻訳	前社で輸出入に関わる商取引・金融・法令文書など広範なドキュメントに携わった経験をベースに、翻訳者を目指したく応募致しました。現在、貴社事業分野の専門用語習得に努めるなどスキルアップに励んでおります。
英文クラーク → 留学カウンセラー	自分の留学を通じ、学校選びや各種の手続き、生活基盤づくりの大変さを体験。関係の機関・企業の各位にも助けられました。そうした経験や別記の職務経験も生かし、親身で適切な支援のできるスタッフになるのが目標です。
一般事務 → Web制作	前職場のサイト立ち上げに携わり、デジタル表現に関心を抱きました。制作職を志してプロ養成校で学び、別記の技能を習得。同業他社での短期アルバイトの経験も生かし、貴社で新たなキャリアを築きたく考えています。
事務 → CADオペレーター	設計事務所に3年間勤務。建築に興味があり、見よう見まねで図面の基礎知識やCAD操作を身につけました。「研修制度あり未経験者可」という求人を拝見し、貴社で専門職として新たな自分を築きたく応募致しました。

4 同職種への応募はステップアップ意識を明確に

■ 転職動機についての疑念に回答する

同じ職種へ応募する場合、誰もが思うのは「実務経験をシッカリ書いて即戦力をアピールすれば、それが切り札になって有利」ということ。それは当たってはいるが、そこで《志望動機欄》を見過ごすと実務経験がアダになる。

転職に至る動機はさまざまあるが、自己都合の転職者の場合は「希望する仕事に就きたい」というケースが圧倒的多数で、応募者が未経験ならそれ以上の詳細な説明がなくても十分に理解できる。

だが同じ職種への転職を希望する応募者はどうだろう。この応募者は前職場のどこに不満足感をもっていたのか、転職によって何を満たそうとしているのか……など、採用担当者は自社とマッチした社員を採用するため、さらにくわしい情報を追及する必要が出てくる。それが不明確な応募者の場合は、採用しても果たして勤続できるかどうかという疑念が生じてしまうからだ。つまり実務経験者にとっては《志望動機欄》こそ、あなどれない項目というわけだ。

■ 前の職場にはない応募先の特性は何か

実務経験をもつ転職者からよく聞くのは「志望動機は給与がいいからだが、そうは書けない」という悩み。だが、給与水準が高いということは、その分だけ高い成果を求められているのだ。任される仕事や責任の範囲も違うはず。その要求に応じられる意欲と向上心を伝える記述を加えることで、インパクトのある志望動機になる。

書き方のポイントは、前の職場にはなかった応募先の特性について触れ、それを介してステップアップしたいという姿勢を示すこと。むずかしく考えることはなく、小さなことでよいので、具体的な記述を加えると説得力が出る。

具体的な記述とは、たとえば前の職場では担当できなかった業務、扱えなかった商品、活用できなかった資格、あるいは応募先の経営体制なら実現できる将来目標など。ただし「前の職場では不可能だった」といった表現は避けるのが基本。言わずもがなの不要な記述であり、前職場に対する批判と感じさせていい印象ではない。

62

●経験者の志望動機

経歴 → 応募	志望動機
一般事務 → 一般事務	実力や業績が評価されにくい仕事ですが、別記の職務経歴をベースに、より会社貢献のできる事務職を目指しています。貴社求人の表示給与を拝見して要求値の高さを感じ、自分を生かし伸ばしたいと考えて応募致しました。
他業界の営業 → 不動産営業	姉夫婦の住宅購入に立ち合って「人生最大の買物」を扱うことに関心を持ちました。要求値の高さに格段の差がある真剣なお客さまと向き合うことで営業職として成長したく、宅建資格の取得を機に応募致しました。
広告営業 → IT企業営業	業務の一環としてHP制作の受注やバナー広告を扱う中で、IT分野への関心が募りました。技術支援から制作まで幅広い事業展開をされる貴社なら、トータルなコンサルティング営業に携われると考えて応募致しました。
経理 → 税務事務	「税理士資格取得を支援」という貴事務所の求人に注目しました。別記の職務経歴を土台に、実務を通じたより高度な知識習得と受験勉強の両立が可能な職場に勤続し、税務事務のエキスパートとして活躍するのが目標です。
営業 → 営業	前職場では、率先して部内の顧客情報共有化を進めてきました。貴社HPで「個人業績の追求より企業営業力の確立を目指す」との理念を拝見し、自分の仕事姿勢を生かしてキャリアアップできる環境と考え応募致しました。
役員秘書 → 役員秘書	添付職務経歴の通り、派遣秘書として外資2社で勤務。経営会議同席や代理出張も臨時的に経験しましたが、今後は正社員として長い視野を持つ補佐業務にも携わり、上司との厚い信頼関係を築きたく貴社に応募致しました。

5 《退職理由》は欄がなくても必ず触れるべき事項

■ **退職理由で会社や仕事への考えがわかる**

選ぶ履歴書用紙のタイプによっては、《退職理由欄》が設けられていない。その場合は《志望動機欄》のスペースが幾分大きいので、退職理由がわかる簡単な記述に繋げて志望動機を書くとベター。欄がなくても触れる必要があるのは、選考上の重要事項になっているからだ。

懲戒免職など何かトラブルがあったのではないか……といった基本的なことと合わせて、見られるのは「帰属意識」や「役割への責任感」「業務環境に対する考え方」など。これらの志向傾向は退職（転職）の決断という場面を通じて実によく浮き彫りにされる。採用担当者にしてみれば、簡単に会社を辞める人や周囲に責任を転嫁する人、不満ばかりあげつらう人、チームの和を乱す人などは当然ながら採用したくない。《退職理由》は、応募者のそうしたマイナス傾向の有無を判定するのにうってつけの項目欄とも言える。

■ **減点評価をされがちな欄なので慎重に**

よく「志望動機に繋がる前向きな理由を書けばOK」と言われるが、それは基本。実際に《退職理由欄》を書くときに不可欠なのが、減点対象となる表現を避ける配慮だ。

まずタブーとされているのが、前職場の方針や上司に対する批判や不満、人間関係のトラブルなど。また、「残業が多く」など待遇面に触れるのもキケン。似たような状況は多くの会社にあり、どこまでなら我慢できるかはまったく本人の気持ち次第。採用後に同じことが起きない保証はないからだ。そのほか、たとえば「やりがいのある仕事がしたいと考えて」という記述も避けるべき。一見すると前向きに思えても「以前の職場はやりがいがなかった」と言っているのと同じだ。

本来、やりがいとは周囲に与えられるものではない。どんな環境や仕事でも、自分の果たすべき職務の中に意義や興味を見つけて取り組んでいくべきでは……と考える採用担当者は少なくないはずだ。

●退職理由の書き方で変わる評価

■前職場でのチャレンジが不可能だったのはなぜ？

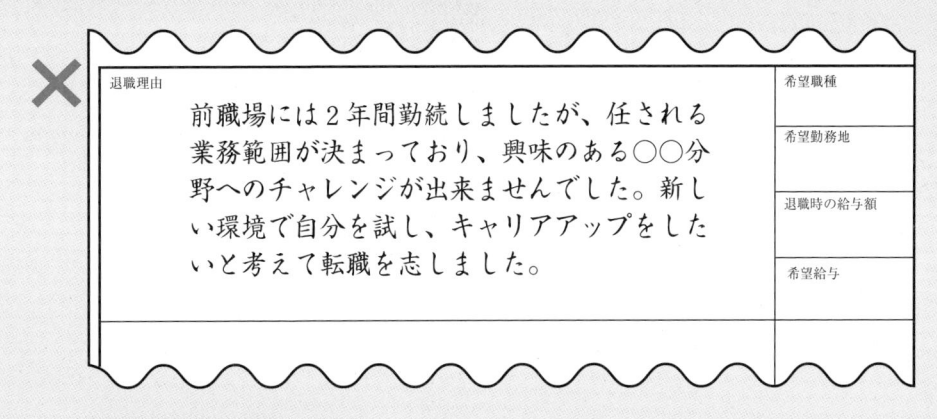

✕

退職理由	希望職種
前職場には2年間勤続しましたが、任される業務範囲が決まっており、興味のある○○分野へのチャレンジが出来ませんでした。新しい環境で自分を試し、キャリアアップをしたいと考えて転職を志しました。	希望勤務地
	退職時の給与額
	希望給与

（採用担当者が考えること）
・前職場では○○分野の仕事をするだけの能力がないと思われていたのだな。
・与えられた業務に不満をもっていたのだな。当社が与える業務はどうかな？
・自分を試すのは勝手だが、そのレベルでは当社以外でやってほしいな。

↓

○

退職理由	希望職種
前職場では、○○知識を生かして実績向上に努め、△△業務を任されていました。その経験もベースに○○分野でキャリアを築くのが目標でしたが、前例がなく異動は不可能とされたため、止むなく転職を決心しました。	希望勤務地
	退職時の給与額
	希望給与

（採用担当者が考えること）
・実務レベルは不明だが、○○分野に関する基礎知識はあるのだな。
・担当業務に真面目に取り組み、それなりの評価は得ていたのだな。
・会社への帰属意識はあり、転職を簡単に考える人ではなさそうだな。

■長期勤続やキャリアアップできない責任は職場にある？

×

退職理由		希望職種	
前職場で扱う商品が○○だったので、自分の感性を生かせませんでした。また待遇的にも問題があり、長く勤務できない職場でした。正社員としてキャリアアップできる職場を希望して転職を決意しました。		希望勤務地	
		退職時の給与額	
		希望給与	

（採用担当者が考えること）
・感性を生かせない（生かそうとしない）ことを商品のせいにしているな。
・前社の待遇をここまで批判する人が、当社の待遇に満足するのか？
・勤続できるかキャリアアップできるかを、職場のせいにする人だな。

↓

○

退職理由		希望職種	
○○経験をもとに、△△商品でも自分の感性を生かしたく考えました。契約社員として精勤し、契約更新も続きましたが、担当業務が限られていたため、幅広い業務を担当し長期勤続できる環境も望み転職を決心しました。		希望勤務地	
		退職時の給与額	
		希望給与	

（採用担当者が考えること）
・当社の△△を扱うには○○の経験も少しは役立つかもしれないな。
・前の会社でも何回か契約更新をした業績のある人なんだな。
・ひとつの職場に勤続したいという意向をもつ人なんだな。

■リストラで、いちばん先に肩叩きされた人か？

✕

退職理由	会社の急激な経営悪化により、携わっていた〇〇業務部門の大幅縮小が行われました。これまでの経験がムダになる配置転換も検討されていたため、若いうちにキャリアを築ける会社に転職しようと決断し希望退職致しました。	希望職種
		希望勤務地
		退職時の給与額
		希望給与

（採用担当者が考えること）
・リストラの際、その部門の余剰人員と判断された人なんだな。
・経験がムダになる配置転換といった、会社批判はイヤな印象だな。
・自己利益を優先し、計算で動くタイプの人かもしれないな。

⬇

〇

退職理由	急激な経営悪化による〇〇業務部門の大幅縮小で若年層の人員削減が行われました。〇〇の基礎知識を買われて新卒で入社。現場実務の習得に励み、ようやく会社貢献ができる段階かと考えていたので不本意な退職でした。	希望職種
		希望勤務地
		退職時の給与額
		希望給与

（採用担当者が考えること）
・本人には責任がない、人事方針による削減だったのだな。
・〇〇業務に関するOJTも受け、基礎力は期待できそうだな。
・会社に対する貢献意識や帰属意識は高い人のようだな。

6 《本人希望記入欄》の率直さが減点評価になることも

■どうしても譲れない条件が"希望"の意味

この欄も誤解のもとに記入する応募者が多い。《本人希望記入欄》なのだから記入すればいい……とカン違いしているのだ。そういうことなら、給料は高いほうがいいし、勤務地は近いほうがラクに決まっている。「でも、まぁ"書き方見本"のように書いておけばいいか」などと安易に考えていないか。

だが採用選考における《本人希望》とは、そのような意味ではない。給料・職種・勤務時間・勤務地などは、労働契約に際して雇う側と雇われる側の双方の合意が必要な労働条件。それが折り合わなくては、採用しても（されても）勤務は不可能だ。そこで応募者に「どうしても譲れない事項」「この条件に合わない場合は入社辞退」という本人意向があれば事前に示してもらうのが《本人希望》の真意なのだ。

その基本前提を知ったうえで書けば、表現も変わってくるはず。転職ノウハウ本には、よく「希望があれば具体的に記入しておくべき」というアドバイスがあるが、それも基本前提を踏まえたうえのこと。軽い気持ちで率直に自分の"希望"を列記すればするほど、採用側の条件とは合致しにくくなるし、合致した場合でも常識のない応募者と思われて減点評価されてしまいがちだ。

■自由記入形式の場合も希望職種を忘れず記入

どんな履歴書用紙にも《本人希望》を書く欄は設けられているが、形式は大きく2タイプ。希望の職種・勤務地・給料など項目別に枠があるタイプと自由記入スペースのタイプ。両者の書き方については実例モデルを70・71ページに掲載した。

そのほか知っておきたいのは、希望職種に関してはどんな場合も明記が不可欠という点。中途採用の求人は、ほとんどが職種採用。会社によっては、複数の職種を同時募集して採用部門ごとに選考を行うようなケースもあるため、応募職種が不明な応募者は、選考対象外とされてしまうこともある。

また左のページは、よくある希望のNG表現例。こんな書き方は、かなりキケンだ。

●本人希望記入欄の書き方

■これは避けたい本人希望の表現

| ✕ | 希望給与……○○万円以上 | 「前職給与と同額」なども含め、面接も行っていない段階で具体的な金額を提示するのはキケン。最低必要額がある場合は求人情報の給与額表示などを参考に会社選びを。 |

| ✕ | 希望職種……記述なし | どんな場合も、応募職種だけは明記する。その際、職種名称は必ず求人情報と同じ名称に。求人広告や求人票に「営業」とあるのに「企画営業」などと書くのはNG。 |

| ✕ | 希望職種……営業・○○チームを希望 | 部内配属への希望はNG。「貴社得意先○○社を担当したい」「○○ブランドを担当したい」など担当業務希望も同じくNG。書くなら将来目標としてフリースペースに。 |

| ✕ | 勤務時間……夜間以外のシフト希望 | 交替勤務制の場合など求人広告に複数の勤務時間が表示されるケースがあるが、本人希望が受け入れられるかどうか不明なら書くのはNG。確認や希望の提示は面接で。 |

| ✕ | 勤務時間……できれば残業は避けたい | マイナス印象を与えてしまう表現。応募企業に残業があるかどうか、あってもどの程度なのかが不明な応募書類段階では、あえて書く必要もないこと。 |

| ✕ | 希望勤務地……本社 | 求人広告に複数の勤務地がある場合は「希望を考慮して配属」などと断り書きがない限りはNG。希望があるなら、表現に注意したり幅をもたせた記入を（次ページ参照）。 |

| ✕ | 勤務地……転勤・長期出張には応じられない | もし求人広告に「転勤・長期出張あり」とあれば、この記述で採用対象外となる。求人情報にとくにそうした記述がなければ、あえて書く必要はない。 |

■転職者用の履歴書の場合の記入例

●あらかじめ項目欄が設けられている履歴書用紙の場合は、すべての欄に記入する。
空欄を作らないことは履歴書の鉄則だ。

●求人情報に記載されている勤務地が1ヵ所ならそれを記入してもよい。また「東京・神奈川・埼玉・千葉の86店舗」など複数の勤務地が記載されている場合は、採用後に年齢や実力などが考慮されて配属されるのが普通。通勤可能な範囲で配属されるのが普通なので「貴社配属に従う」などと書くのが無難。特別に希望がある場合も、「東京都内を希望」「できれば○○沿線」など、ある程度の幅をもたせて記入したほうがベター。

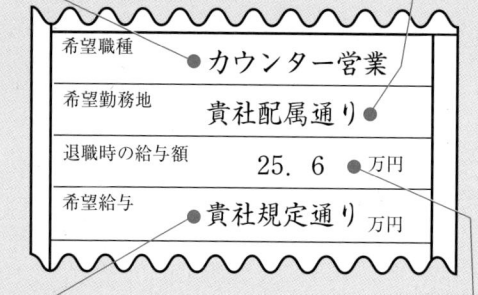

●職種は、くれぐれも求人広告や求人票に記載されている職種名称で記入すること。ただし、求人をしていない会社へ手紙を添えた履歴書を送ってアプローチする場合は「調理系職種」「営業全般」などと一般名称で書いてもよい。

希望職種	カウンター営業
希望勤務地	貴社配属通り
退職時の給与額	25.6 万円
希望給与	貴社規定通り 万円

●「それ以下の金額では入社しない」という決意があるなど特別なケースでない限り、履歴書ではどんな金額も記入しないほうが無難。目安額は求人広告の表示給与などを参考にし、具体的な給与額の確認や交渉は、会社側の条件提示と応募者側の実力提示が出揃った面接の最終段階、または内定後に行うのが普通だ。

●「手取り給与」と間違えないように。履歴書でも求人情報でも、また面接のやりとりでも、とくに説明がなく「給与（給料）」と言えば「残業代を含まない額面給与」を指すのが普通。ここでも前職でもらっていた額面給与を記す。万円単位の場合も小数点を使って1000円単位までは記入したほうがよい。

■ＪＩＳ規格履歴書用紙の記入例

- 自由記入形式の履歴書用紙の場合は、とくに希望がある項目だけを記述する。
- 給与や勤務時間については基本的に記入しないほうが無難。「特に希望はありません」「貴社の規定に準じる」という記述も不要。

- 希望職種の記述は必須なので忘れないように注意。読みやすく、項目を立てて箇条書きにするとよい。

本人希望記入欄

職　種：店舗スタッフ（店長候補生）を希望します。

勤務地：もし希望配属制度があれば、新宿店か渋谷店を希望します。

※４月末日まで在職予定のため、面接日時は水曜日（定休日）または午前中に設定していただけると幸いです。

- 面接日時などに関する希望もこの欄に記入。そのほか選ぶ履歴書用紙によって《通信欄》などが設けられていないケースでは、とくに伝えたいことがあれば、それを書く自由記入スペースとして使ってもよい。

7 《趣味・特技》で適性や物事への取り組み姿勢を示す

■履歴書用紙に合わせた記述を工夫

履歴書用紙のタイプごとに項目欄の有無や記入形式、スペースも違う。本来、趣味など"個人的な嗜好や心情"は選考基準にしない……との公的ガイドラインがあるためだろう。しかし選んだ履歴書用紙に項目欄があれば、空欄はNG。書くからには、そこで人間的な側面を伝えるようにしたい。

実際、「子ども時代からの日本舞踊修業」と書いたことで地道な積み上げの姿勢を評価されたり、「地元の草野球チームに所属」が行動力や協調的な人間関係づくりの面で評価された、といった話が少なくない。

その意味では、趣味の記述も単に「読書」というような紋切り型の記述ではなく、どんなジャンルの本が好きなのか、月に何冊くらい読むのかなど、スペースに応じたコメントを添えることでアピール効果を発揮しやすくなる。スポーツについても種目名だけでなく、どのくらいの頻度で行っているかやランクなどを記述するとよい。さらに

スペースにゆとりがあれば、それが仕事の面で役立っていることなどをさりげなく伝えるとベター。

■受け狙いの記述は逆効果になることも

よく「これと言った趣味がない」「スポーツはとくにやっていない」などと悩む応募者がいるが、それも大きなカン違いだ。ユニークな趣味の持ち主である必要はないし、一般の職業なら得意なスポーツの有無を重視する採用担当者もいない。きちんと書けば「読書」と「散歩」でもOK。何かほかの応募者とは差がつくアピールをしなければ……と、ムリな"受け狙い"の発想をすると逆効果になりがちなので注意しよう。

とくに避けたいのは、「特技は競走馬の勝率計算、的中率70％」など一般にマイナス評価されるギャンブル系の趣味・特技を書いたり、「趣味はゴルフ。ハンディ14だが最近伸び悩んでいる」といった妙にくだけた表現。この欄でも、アピールすべきはあくまでも業務適性や物事への取り組み姿勢など"仕事との関わり"であることを念頭においておきたい。

●趣味・スポーツ・特技・好きな学科の書き方

■《趣味・スポーツ欄》の記入ポイント

| 読書、ビデオ映画鑑賞 | 「歴史小説を中心に月に2～3冊」「J・アーヴィング作品はすべて読破」「月に約10本。最近はアジア映画に関心がある」などジャンルや読書量・鑑賞量などに触れるとよい。「仕事関連の新刊では○○を読了」などもOK。音楽鑑賞の場合も同様。 |

| 囲碁・将棋 | 「毎週1回は地元の囲碁クラブで対局・初段」など。頻度やランクも記述するとよい。剣道や柔道、空手なども同様。さらに空欄があれば「対局を通じた幅広い年代層との交流も勉強になる」などの自己アピールも加えるとベター。 |

| 散歩、ジョギング | 「雨天を除き毎朝約2キロ」「週末、徒歩による近隣の史蹟めぐり」など。また現在は行っているスポーツがなければ、学生時代の経験を書くのもOK。クラブ活動のキャプテンやマネージャー経験などが評価されることもある。 |

| ✕ 避けたい記述 | 「バンド活動。日々の練習を継続」「年1回の海外旅行、アフリカや南米文化に興味」「登山。大学山岳部にOBとして参加」など、残業への対応に支障をきたしたり、長期休暇の取得を予測させる記述は避けたほうが無難。 |

■《特技欄》の記入ポイント

| 接客話法、記憶術、ファイリング | 「高齢者や幼児にもお客さまとして適切に応対」「取引先担当者の名前と顔はほぼ1度で記憶」「部内の書類保管は共有化を前提に整理」など、《特技欄》はなるべく仕事に関連した事柄を具体的に記述するのがポイント。 |

| パソコン操作、ホームページ作成 | パソコン操作については《免許・資格欄》や《職務経歴書》と重複しないようにして「マクロ活用にも習熟」など特記事項を記入。また、専門職志望でなければ「市販ソフトを使い自分のHPを作成」といった趣味レベルのものでも書く価値はある。 |

■《好きな学科・得意な学科》の記入ポイント

| 社会心理学 | 学生時代の得意学科名に加え「卒業論文:携帯電話利用における個人要因」など研究テーマを書くとよい。ただ社会人となって長い場合は志望職種関連のものに絞って、"好き"よりも"専門教育を受けた"ことや関連分野の知識をアピールするつもりで。 |

| フランス語、中国語 | 語学系の学科については、「日常会話および辞書使用による一般文書の読解・筆記が可能」などその活用レベルを記述するとよい。《免許・資格欄》に書くほどではない実力でも、アピールして損はない。 |

8 《健康状態・性格》はプラスひと言で説得力が増す

■業務に支障がなければ「良好」でOK

採用選考における《健康状態》の基準は〝予定業務に就けるかどうか〟という点に絞られている。就業規則の通りに勤務できて、業務をこなせれば「アトピーで悩んでいる」「血圧が高い」などの事柄には触れる必要はなく「良好」と書いてOK。

だが採用担当者にしてみれば、どのくらい健康なのかが気になるところ。健康であっても体調を崩しやすく、予定外の欠勤が重なる応募者である可能性もあるからだ。本当に健康に自信がある人なら「無欠勤」などの実績を示すひと言を加えると、印象は大きく違ってくる。

むずかしいのは特定の病気をもつ応募者のケースだ。定期的な通院が必要なら、それを隠して採用されても勤続は困難になる。《健康状態欄》には「通常業務に支障なし」と書き、別途に「普段はまったく支障なく勤務できるが、通院のため月2回の午後出勤を希望。前職場では振り替えの残業で対応し、それ以外の病欠はなかった」など正確な情報と勤務実績を伝えていくことが不可欠だろう。

■第三者の視点で書くのが長所記述のコツ

また多くの応募者が悩むのが《性格》に関する自己申告とも言える項目。マイナス面に触れずに長所をアピールしようと考えた結果、客観性に欠けたひとりよがりの記述になってしまいがちだ。

「明るく快活で努力家。決断力と積極性に優れており、周囲と協調しながらもリーダーシップを発揮できる」などと書いて、自己分析力に欠けているのでは……と失笑を買うような例も。

長所・短所の書き方のコツは、第三者の視点を借りること。「友人には〝おせっかい〟だと言われるが、困っている人を見ると放ってはおけない」「何事にも積極的に全力で当たることをモットーにしており、〝負けず嫌い〟と見られている」などと書けばイメージもつかみやすく説得力も出る。

なお、重要なのはこの欄の記述の目的を忘れないこと。ひとりの人間にも、いろいろな性格の側面がある。業務や職場に対する適性を自己アピールすることを念頭に、自分のどんな面を伝えたらよいかを選択するのがポイントだ。

●健康状態・性格の書き方

■《健康状態欄》の実例モデル

健康状態

きわめて良好（前職場は無欠勤）

▲ 業務に支障がなければ「良好」「きわめて良好」と書いてOK。その目安として、最も説得力があるのが出勤状況実績。「無遅刻無欠勤」なら勤務姿勢のアピールにもなる。虚偽は書けないので「この1年間、無欠勤」「前職場では病欠ゼロ」など事実の範囲で工夫して。

■《性格欄》の実例モデル

（自覚する性格）

地道にコツコツ行う業務が好きで、よく"ノンビリ屋"と見られますが、約束や締め切りに遅れたことはありません。ミスを恐れて慎重になりすぎた面を改め、今後は経験値アップに沿った効率を追求したく考えています。

（私の特徴（長所・短所））

友人には"元気が取り柄"と言われていますが、「自ら燃えて周囲を暖める炎に！」が営業モットーです。前職場では市場分析チームに参加して理論の力を実感し、情熱だけの猪突猛進を避ける判断力を養いました。

▲ 自分の性格や人間性についてすべてを説明するのは不可能。そこで、たとえば事務系職種ならミスを防止する慎重さ、営業系ならライバルに負けないファイトなど、志望職種に合わせて伝えたいイメージを絞るとインパクトが強まる。

9 《通勤時間》《扶養関係欄》は待遇とも関わる重要項目

■《通勤時間》無記入は選考にも影響する

大抵の履歴書用紙で、記入欄の最後が隅のほうに設けられているのが《通勤時間欄》。そのせいで書き漏らしてしまうのが少なくない、これを無記入のまま残してしまう応募者が少なくない。

しかし、転職希望者の多くが通勤の便を考えて会社選びをするように、会社も応募者の通勤時間には着目している。通勤の便は、残業対応や勤続状況に影響をもたらすだけではない。もし遠距離通勤者ならば、基本給のほかに通勤手当(通勤交通費)として数万円単位の人件費増となるからだ。《通勤時間欄》を空欄にすることでプラスのイメージをもたれることはあり得ない。多少、通勤の便が悪くても無記入よりはリスクが少ないもの。必ず記入しなくてはいけない。

なお、どのくらい時間がかかるかは実際に応募先の会社まで行ってみないとわからない……と言う人もいるが、これは間違い。待ち時間や乗り換え時間は、乗車時間帯によるダイヤでも変わるもの。記入するのは、それらを除いた最短の乗車時間でも構わないのだ。路線図を見たり、インターネットの路線情報などで調べて、おおよその時間を記入すればOKだ。

■《扶養家族数》も漏れなく正しく記入する

現在、市販されている履歴書用紙には《本籍地欄》《家族欄》はない。本人の職務能力に無関係な事項によって労働者の募集・採用にかかわる差別をなくそうと、平成10年7月に履歴書の様式も改定されたためだ。だが、同じ家族に関する記述でも《扶養家族数》《配偶者の有無・扶養義務の有無》は、欄が設けられている。

この欄の記述内容は、直接的に採用・不採用に影響することは滅多にないが、採用後の入社手続きの際の所得税の源泉徴収額や社会保険(年金や健康保険)の手続き、また家族手当などにも関係する重要事項なので、記入漏れはNGだ。

とくに扶養家族のいる人の場合は、採用後の入社手続きの際などに、この欄の記述に基づいて会社から「被扶養者認定届」など提出書類・添付書類を指示されるはず。そのときになってから、「実は間違っていました」ということにならないよう、きちんと記述する必要がある。

●通勤時間・扶養家族数・配偶者の扶養義務の書き方

■《通勤時間欄》《扶養家族関係欄》の実例モデル

通勤時間	扶養家族数	配偶者	配偶者の扶養義務
約　　時間 **40**分	（配偶者を除く） **0**人	※ 有・㊊	※ 有・無

●《通勤時間》は会社までの最短時間
乗り換え時間などをカウントせず、最短の時間を記入してよい。ムリに短く見せる必要はないが、勤務時間が不規則な業界や残業の多い会社の場合は、1時間または1時間半を超すあたりからフォローが必要。また人材コストにシビアな会社は、通勤交通費との関連で遠距離通勤者を避ける傾向も見える。

●未婚の場合は無記入でよい
《配偶者欄》の「無」にマルをつけた未婚者の場合、この欄は無記入でよい。

通勤時間	扶養家族数	配偶者	配偶者の扶養義務
約　　時間 **50**分	（配偶者を除く） **1**人	※ ㊒・無	※ 有・㊊

●共働きの場合は扶養家族数のカウントに注意
年間収入が一定以下の親や子どもなど、自分が扶養する家族数を記入する。注意したいのは、共働きの場合だ。配偶者と自分の両方で重複した扶養はできないため、子どもが配偶者の扶養家族となっていれば、自分の《扶養家族数》にはカウントしない。扶養関係は採用後の税金や保険の手続きに関わるが、一般には高い収入のあるほうの扶養家族にしたほうがトク。

●《扶養義務》に関する記述は正確に
配偶者が正社員・正職員として勤務していれば《配偶者の扶養義務》は「無」にマルを。むずかしいのはパート勤務などのケース。年収によっては扶養家族にならず、健康保険なども独自に加入する。前職場を退職後、配偶者の収入が増えたなど大きな変動がなければ、以前と同じでよい。もし大きく変動していれば、きちんと調べて正確に記入する。

10 弱点を自覚して《自由記入》のスペースでカバー

■ 弱点を隠そうと虚偽の記述をするのはタブー

こんなエピソードがある。店先で商品を見ていて「流行遅れの形だなぁ」と思ったとき、「それはメーカー自慢の定番商品だからモデルチェンジはない。性能優先でプロに人気がある」などと説明され、デザインまでが個性として好ましく感じられた……というのだ。

別の観点からの情報が与えられることで、物事の評価は大きく変わってくるのだ。採用選考もこれとまったく同じ。

応募のうえで「欠点・弱点」になるからといって、経歴などを詐称したり、その場しのぎに隠したりするのはタブー。不自然な記述がかえって目をひき、逆効果になることもある。たとえ不利になりそうなことであっても、記述する必要があれば正直に書き、志望動機欄や本人希望記入欄などのフリースペースを使って、それをカバーしていく情報を提供するようにしたい。

■ 自分のハンディを自覚することも大切

正直なところ、どの程度の弱点ならカバーできるかはケースバイケース。しかし、あらかじめ自分の弱点を知ってカバーしていくことは、社会人として必要な適応力と考える採用担当者もいる。実際に「実務経験はないが関連資格がある」など、ハンディのタイプごとに、採用担当者の気持ちを動かすキーワードはあるもの。それだけで採用選考が大逆転できるとは限らないが、カバーによって少しでも可能性を広げる工夫はすべきだろう。

また、応募者の中には非常に重大なハンディをもっているにもかかわらず、自分でそれに気づかず書類選考に落ちつづける人も多い。その意味では、マイナス評価されがちな事柄を、理由も含めて自覚することも大切だ。

よくあるハンディと、そのカバーの実例モデルを次ページおよび80・81ページにあげた。これを参考に、何が自分のハンディなのか、どんなカバーをしたらよいかを研究してみよう。

●ハンディ・カバーの書き方

■転職回数が多く勤務年数も短い

> **志望の動機**
> この仕事を目指し、働きながら知識・経験を積んできました。家具問屋の事務として商品知識、販売職として接客技術、また前職場ではスクールで学んだＣＡＤの応用技術を磨きました。それらをベースに、貴社でインテリア専門職としてキャリアを築きたく思います。

▲ 自分の職歴の中に、何らかの一貫性を見つけてアピールするのがコツ。職務経歴書でも、その一貫性のテーマに沿ってこれまでの業務内容をまとめると、さらに効果的。

何回以上の転職なら"多い"という印象を与えるかは業界や職種、応募者の年齢でも違うが、事務系職種なら２年以上勤続した職場がなく２回以上の転職を繰り返していれば、カバーは不可欠と考えたほうが無難。記述のポイントは３つ。まず、転職を繰り返した理由を納得してもらうための「何らかの一貫性」、また今回が過去の転職の集大成であることを強調する「これまでの転職を役立てる」という姿勢、そして勤続意思や目標を示す「この職場で勤続してこうなりたい」というフレーズ。この３つを組み合わせよう。

■応募条件の＜免許・資格＞がない

> **志望の動機**
> 資格は未取得ですが実務を通じて学び、前職場では試算表作成や決算業務も担当。簿記２級に匹敵する実力はあると自負しています。また、現在は英文経理の基礎も独学中です。連結決算を経験できる貴社に経理として勤続し、キャリアアップを図りたく応募しました。

▲ 資格を所持していないことを明記したうえで、求められている資格に匹敵する実務経験、また採用後に担当するであろう具体的な業務知識をアピールする。

応募前の電話問い合わせで「応募ＯＫ」と言われても、職務経歴書だけに頼らずに履歴書でも必ずハンディ・カバーをすること。「薬剤師」など職業資格、また事業所に資格者設置が義務づけられている「宅建」などの資格でない限り、資格の有無にこだわらずに応募を受け付ける会社も多いが、条件は当然ながらその資格に相応する知識・技能をもっていること。具体的な業務実績によってそれを示す必要があるので、その資格のレベル目安や担当する仕事の内容を調べておくことも欠かせない。

■年齢が高めである

> **志望の動機**
> 18年の編集デザイン経験がありますが、前職場では自分より若いＡＤのもとでファッション誌を担当し、時代感性を吸収してきました。貴社のインテリア誌の創刊に関心を抱き、年齢やキャリアとは関係なく新人のつもりで立ち上げから携わりたく応募いたしました。

▲ 履歴書にすべてを盛り込むのは不可能。優先すべきは、職務経歴書で書ける経験や技能より、弱点カバー。年齢が高いことで問題にされがちな面をフォローしていく。

平成19年の改正雇用対策法で、年齢制限は原則禁止された。応募の門戸は開かれ、採用選考でも年齢に対する考え方は変わってきている。とくに技術系・営業系では許容範囲も広い。だが、それでも年齢が高めの人は不利になりがちというのが実情だ。その理由として大きいのが「年齢に応じた給与の問題」と「職場の年齢構成とのギャップに対する懸念」の２つ。初任給より仕事内容に注目したという柔軟で意欲的な姿勢、若い上司や同僚とも良い関係を築けるという適応力、また実年齢と無関係に新鮮な感性を訴える必要がある。

■正社員としての勤務経験がない

志望の動機

短大卒業時に希望する就職先と出会えず、アルバイトや派遣スタッフとして別紙の職務経験を積んできました。前職場では勤務姿勢を評価され2回の更新を行いましたが、顧客と長くお付き合いして信頼関係を結べる仕事に就きたく考えて貴社に応募致しました。

▲ 具体的な経験内容は職務経歴書にまとめるとよい。履歴書では正社員の職歴がない理由のほか、仕事姿勢や目標を記し、長く勤続したいとの意欲を前面に出すのがコツ。

業務経験や実績は雇用形態を問わず評価される。採用担当者が気にするのは、なぜきちんと就職しなかったのか、組織に所属して長く働けないタイプの応募者ではないのか……といったこと。その疑問に答える記述は欠かせない。またフリーターのように短期の転職が多い場合は、勤続意思の表明だけでなく、真面目な勤務姿勢のアピールも重要。実例モデルのように「契約更新」、あるいは「アルバイトリーダーとして後輩の指導を任されていた」など職場での評価に触れるのもひとつの方法だ。

■職歴にブランクがある

志望の動機

前職場ではグループ秘書から役員秘書に昇格するなど評価も得ていましたが、3年前の留学の目的であった産業翻訳の業務に就きたく、常にスキルアップに努めてきました。これまでの複数の業界経験も生かし、貴社の翻訳部門で新たなキャリアを積みたく考えています。

▲ 留学による職歴ブランクの説明をスキルアピールと志望職種に対する熱意につなげて説明した実例モデル。前職場の実績も記し、堅実な勤務姿勢を示すのも賢い方法。

まず疑念を抱かれるのは、職歴ブランクができた理由。事情によっては、再び勤務不可能な状況になる可能性もあるからだ。傷病の場合は現在の回復状況、親の介護や出産・育児の場合はフォロー態勢が整っていることを記述し、現在は勤務に支障がないことを説明したい。そのほかよくある理由が留学・再進学など。内容が不明瞭だと「夢ばかり追いかけて腰の座らない人では」との危惧を抱く採用担当者もいる。学んだ目的やその後の職歴との関連を説明し、キャリアアップ意欲をアピールすることが大切だ。

■失業期間が長引いてしまった

志望の動機

専門知識を生かして長く働きたいと考え、営業から経理を志望。まずは会社に貢献できる最低限の実力を養おうと、退職後は簿記知識や資格取得に専心してきました。独学で学んだワードやエクセルも生かし、貴社で経理としてキャリアを積みたく応募いたします。

▲ 失業期間が長引いのは、だらだら過ごした結果ではなく、将来目標に向けて必要な計画的な勉強期間であったことを記述。転職への熱意と向上心をアピールした実例。

失業期間が長引くと、どうしても就業意欲が低下してくるもの。また、ほかの会社の採用選考で落ちつづけている"売れ残り"のイメージも……。ハンディになるかどうかの分岐点は3ヵ月が目安。それを過ぎる予測があれば、即座にスクールや講座への通学、あるいは資格取得など、行動実績を示すような"アリバイ"づくりをして目標意識の高さをアピールしていくべき。実際、失業が長引くのはスキルが社会一般の要求値に達していないケースも多いので、その意味でも自分を磨く行動を起こせば一石二鳥だ。

■まだ在職中で、すぐの出社はムリ

本人希望記入欄

貴社○×ブランドのパタンナーを希望します。現職場では主力ブランドの×△を担当。展示会業務が終了する○月末まで在職予定のため、貴社への即時出社は不可能ですが、責任を全うした後、貴社で踏み出す新しいステップには、もてる全力を尽くしたく考えています。

▲ 出社可能日の目安は必ず記述。理由は「引き継ぎと残務整理のため」でよいが、待ってもらう期間が1ヵ月以上なら、実例モデルのようにくわしく書くと説得力がある。

在職中の応募者を選考対象にしている会社であれば、通常は2週間から1ヵ月程度は待ってくれるもの。とくに技術系職種の募集や優秀な人材を期待する会社なら、数ヵ月も待ってくれる例もある。カバーのコツは「待つ価値がある」と思わせる自己アピール。納得がいく理由のほか、現職場での評価や実績を示す付帯説明なども効果的。採用されたくて早めの出社予定日を記載するのはタブー。採用企業によっては、実際の入社日が延期されることのダメージが大きく、トラブルに発展することもあるので注意したい。

■自宅が遠くて通勤時間が長い

本人希望記入欄

営業事務職を希望します。
勤務地は遠くとも、貴社の雑貨部門でこれまでの業界知識・商品知識を生かしたく思います。前職場も通勤には2時間かかりましたが無遅刻無欠勤が自慢で、残業にも支障なく対応してきたので精勤できると自負しています。

▲ 志望理由が「通勤に便利だから」といった安易な動機でないことも再アピール。そのうえで勤務に支障なく通勤できることを前職場の実績などで伝えるとよい。

通勤時間が1時間半、また業界によっては1時間を超えると勤務時間との関係で「通勤できるか？」という懸念を抱かれがち。業務に支障がないことを伝えるには、実例モデルのように以前の職場や勤務地近くの学校に通学していた実績を記すと説得力がある。なお、会社によっては「通勤交通費」との関係で遠距離通勤が不利になることも少なくない。ケースに応じては、たとえ求人広告に「通勤交通費全給」とあっても、「通勤交通費は一部自己負担できます」などと書き添える方法も考慮しておきたい。

■育児と両立中の女性である

本人希望記入欄

営業アシスタントを希望します。
3歳と5歳の幼児がいますが、勤務に支障はありません。延長保育のある保育園と近隣の実家や家族の協力も得て、前職場でも同僚と変わらずに残業にも対応してきました。事前に予定できれば出張も可能です。

▲ 勤務時間に関し、会社から特別な配慮を受ける必要なく、育児と勤務を両立できる環境が整っていることを具体的に説明。前職場の例を出すことで実績も示している。

男女雇用機会均等法は浸透してきたが、まだ小さな幼児や低学年の児童のいる女性に対しては、とかく採用のハードルは高くなりがち。子どもの発熱などで、予定外の急な欠勤や遅刻・早退が多くなったり、残業対応がむずかしいのでは……との懸念があるからだ。だが、実例モデルのように就業規則どおりの勤務が可能な環境を説明すればハンディはカバーできる。また状況によっては「前職場では残業は最長20時まで、月15時間程度を目安に対応、効率的な仕事を心がけてきました」など可能範囲を記しておくことも大切だ。

こんな応募書類はNG 採用担当者の本音

公式書類であるとの認識がない応募者たち

■ウケ狙いの趣味にはいい印象を抱けない

ノウハウ本によっては、趣味欄の記述に興味をもたれると面接の際に採用担当者と話が弾んで有利……とあるそうです。でも、当社の場合はあくまで業務関連の視点でチェックするだけ。勤勉なイメージを受ける程度のこと。卒業して10年もたつのに学生時代の部活の話まで持ち出しているものにも違和感があります。趣味やスポーツ、特技には、とりたてて変わった内容は求めていないので、公式書類であるとの認識がない"ウケ狙い"の記述には好印象はもてません。(電子部品)

■意外と多いピントの外れた自己アピール

当社の事業内容のせいでくだけたイメージを抱いているのか、事務の募集なのに「歌は得意」といったものや「趣味はゲーム、FFは完全制覇」など、"合コン"の自己紹介のようなものもあります。スキルや経験内容が申し分なくても、そういうピントのズレた自己アピールをしてくること自体に非常識な印象を受けますね。(芸能事務所)

■やりがいや充実感を求められても困る

志望動機欄などに「やりがいのある仕事をしたくて」「充実感を得たい」といった記述がよくあります。でも、それは仕事にどう取り組むかといっ
た本人自身の問題。たとえ他人から見たら単調で面白く思えない仕事でも、一生懸命に楽しく働いている人がいることに気づかないのですね。前の会社や仕事で、やりがいや充実感をもてなかった応募者の期待に応えることはむずかしい。当社でも長くつづきはしない方だと判断します。(商社)

■給与規定で対応できない希望数値なら除外

実務未経験なのに「希望給与」としてベテラン並みの数字を書いてくる人がいます。本人にとっては、前職給与と同レベルとの目安があるようですが、未経験者の初任給でそういう数字を希望されても対応はムリ。応募者が少ない場合は、面接で本人と話し合うこともありますが、「ただ書いてみただけ」などとは思えませんから、当社の給与規定で対応できない数値が書いてあれば、選考から除外するのが普通ですね。(Web制作)

■本人の真意が不明なコメントもある

自由記入のスペースに「友人も貴社を志望しています」「自分を雇えば貴社の繁栄は間違いありません」などと書いてくる応募者がいます。当社に好感を感じていることや自分の熱意を伝える表現力がないだけかもしれませんが、真意の理解できない不自然な記述のある履歴書は優先順位としては後に回すことになります。(機械製造)

第4章

応募書類とは何か
選考に必要な情報を提供してこそ〝応募書類〟

　直截な言い方をすれば、採用選考に必要な情報を提供するのが応募書類である。中途採用では、出身大学や未知の可能性といったことよりも、実際に勤務先で身につけてきたことや内容が問われる。それを具体的に伝えるのにうってつけの書類が「職務経歴書」だ。提出を求める会社も多いが、とくに求められなくても「履歴書」に「職務経歴書」を添えることは有利な選考への近道となってくる。

が有効な自己アピールに

「履歴書」＋「職務経歴書」

「履歴書」は空欄を防ぐため、用紙を＜自己紹介書＞つきのものに変更。＜免許・資格欄＞には学校で取得した資格や使えるソフトのことも記入。志望動機の書き直しをしたほか、本人希望記入欄では退職理由と勤続意思を示す文章を加えた。

「職務経歴書」では、大学で受けたDTP教育、入社後に手がけた具体的な仕事の内容と身につけたこと、PCスキルについてまとめ業務関連のスキルを明確にした。自己PRでは、今後の目標も掲げて意欲アピールした。

職歴の浅い人ほど「職務経歴書」

大した職歴もないから「職務経歴書」はいらない……と
考える応募者は多い。しかし、そうした考え方は間違い。
「職務経歴書」ならば「履歴書」には書くほどではない
細かな経験や業務知識までを具体的にアピールできるので、
「会ってみよう」と思わせる情報を提供しやすい。
つまり職歴の浅い人ほど活用したいのが「職務経歴書」なのだ。

× NG履歴書
こうした履歴書から伝わってくる情報は、あまりにも少ない。大学でDTPを学んだというが、どの程度のレベルなのか？ 在職中の会社は何をする会社なのか？ そこで、どんな仕事をしてきたのか？ なぜ1年ほどで転職をするのか？ など、すべてが不明。人間的なイメージも湧かず、印象は非常に希薄……。これでは書類選考に勝ち残れない。

1 「履歴書」＋「職務経歴書」を応募書類と考えよう

■ 書類選考の段階でライバルに差をつける

最近、新規学卒者の採用では選考の効率化を図るため、「エントリーシート」と呼ばれる応募書類による一次選考が増えている。これはアンケートのような会社の設問に対して回答する形式の書類。履歴書だけではわかりにくい応募者の考え方や適性、未知の可能性を探るのが狙いだ。

中途採用の場合は「職務経歴書」が、これに当たると言えそうだ。最近では「応募書類」と言えば、履歴書とセットで「職務経歴書」を提出することが通例化している。選考の効率化を図りたいという採用企業の考え方は「エントリーシート」とまったく同じ。ただし、中途採用で問われるのは、即戦力。面接に先立って、応募者の業務知識やスキルが採用後にどの程度使えそうか、訓練や教育にはどのくらいの期間が必要か、将来的に期待できる貢献度はどうか……などの目安をつけるため「職務経歴書」を求める会社が増えてきた。指示がなくても提出すれば、書類選考でライバルに差をつける効果がより期待できるはずだ。

■ 会社が知りたい情報を伝えずには採用されない

多くの採用担当者の意見をまとめると、書類選考でチェックするのは左ページの通り。とりわけ重視されているのは職歴だが、採用担当者が知りたいのは「事務経験が1年ある」という漠然とした情報ではなく、どんな会社のどんな部署で、どんな事務をどんな方法で、どのくらいの量こなしてきたのか……という「具体的な仕事内容」だ。パソコンスキルや語学スキルについても、くわしいレベルの説明が求められている。さらに履歴書用紙に記入欄がなくて、不足してしまう情報も伝えられる。会社が知りたい情報を伝えずに、書類選考で生き残るのはむずかしい。

記述の仕方に注意の必要な項目（本人希望記入欄の書き方を参照）もあるが、自分の選んだ履歴書用紙タイプと見合わせながら不十分な部分があれば補足するように心がけたい。

「職務経歴書」はキャリアのある人だけのものではない。書き方について述べる前に、ケースごとの「応募書類」のまとめ方のコツを見てみよう。

●採用担当者がチェックすること

■応募書類で注目される項目

1．職歴
2．業務に必要な資格やスキル
3．年齢や写真
4．書類や文字の書き方
5．志望動機
6．業界経験
7．通勤時間

■足りないと思う応募者の情報

1．具体的な仕事内容や役割
2．入社可能日
3．パソコンスキル（使えるソフトや操作のレベル）
4．希望職種や将来目標
5．退職理由
6．希望給与・退職時給与
7．語学スキル（実際の読み・書き・会話のレベル）

2 ケース別応募書類
入社1年未満の転職

■基礎力と意欲、勤続意思を前面に出そう

せっかく入社した会社を1年経たないうちに自己都合で退職。採用しても、またすぐに転職したくなるのでは……。そんなマイナス印象を抱かれてしまいがちなので、カバーを忘れてはいけない。その意味でも応募書類は人一倍ていねいに「履歴書」＋「職務経歴書」とセットで作成。誠意や真面目な勤務姿勢をイメージさせるようにしたい。

履歴書用紙は〈職歴欄〉の広いJIS規格のものや転職者用のものより、〈自己紹介書〉のあるものや、このモデルのようなタイプがおすすめ。〈志望の動機〉を書く欄が広く、転職理由も含めた事情を説明しやすい。

1年未満とはいえ、正社員として会社に勤務した経験は、同年齢のフリーターや新規学卒者とは違った強みがあることも自覚して「職務経歴書」をまとめる。4週間にもわたる新人研修を受けて"組織人"としての基礎力を身につけたこと、また本人の意向とは外れたが、実際の業務で評価されていたことも大きなアピール要素になる。

88

●職務経歴書のPOINT
❶すでに4週間にわたる新人研修によって社会人としての体系的な基礎教育を受けていることは、新規学卒者やフリーターにはない大きな強みだ。
❷たとえ短期間とはいえ、配属先で具体的にどんな業務を担当したかは基礎力を示すうえでも重要。似たような業務なら、すぐにも担当できるという判断の根拠になる。
❸短期で辞めた理由として、配置替えがあったことを示している。本人には責任のない組織変更に伴う転属であることがわかり、退職理由の説得力が増す。
❹退職理由は必須。自分の考えや目標を示し、前向きな転職であることを伝える。忘れてはいけないのが勤続意思のアピール。「履歴書」で書いたことをさらにくわしく述べる。

職務経歴書

平成15年11月18日
佐藤 恵子

<職務経歴>

平成15年4月 ❶ 日本実業商事株式会社に入社
（服飾雑貨輸入販売／従業員数約1500名）
4週間の新人研修で経営理念や会社組織のほか業務一般を学ぶ。
●業務一般、簿記および帳票記入と処理
●OA操作およびワード、エクセルによる書類作成
●接客マナー・電話対応・商取引関連法規の基礎など

平成15年5月 ❷ 営業部・販売促進課に「営業サポート」として配属され取引先の管理を担当する。
●受注受付業務およびパソコンによる伝票入力
●在庫表の作成・在庫管理・商品出荷手配業務
●取引先店舗のフェア企画や運営の補佐（販売含む）

平成15年7月 ❸ 販売促進課が販売支援課に組織変更され業務の比重が販売支援に移行、大手取引先店舗に出向となる。
●取引先店舗での接客販売・商品管理
●顧客名簿の整理・管理、各種案内状作成と発送
●展示会・フェア運営の補佐

平成15年9月 一身上の都合により退職、現在に至る。

<PCスキル>
パソコンの基本操作、ワードによる書類の作成技術は習得。
キー操作は、ブラインドタッチ可能。
エクセルの応用とパワーポイントの活用は現在PCスクールで学習中。

<退職理由と今後の目標>
❹ 前職場では対人適性や業務への意欲を評価され、取引先販売店との連絡・調整業務に携わったことから、組織変更に伴って業務の中心が本来の希望である事務から販売へと変化。数年間は異動が困難であるとの状況から、転職を決意しました。
事務職としての経験が短期だったため、OA操作技能も未熟であると感じて、現在はPCスクールで応用知識を学んでいます。
輸出入業務を扱う貴社の事務スタッフとして、好きな英語も生かしながら改めて事務スペシャリストとしての新しいキャリアを築くのが目標です。

採用担当者が見る1年未満の転職

●応募書類の基本を学ぶべき
転職経験がないせいか、新卒や第二新卒のようなものなど全体に幼稚な印象や熱意に欠ける印象がありますね。「職務経歴書」も添えて研究して書かれたものと比較すると、やはり書類選考では不利。（ジュエリー製造販売）

●第一に必要スキルをチェック
当社は採用後にすぐ現場に配属します。たとえ半年でも勤務経験があればビジネスマナーやパソコンの基本操作ができている例が多く、新卒とは吸収速度が違う。その辺を理解して「職務経歴書」を提出してくる応募者なら期待できます。（情報通信）

●やはり退職理由が気になる
当社はブランドの知名度のせいで応募倍率が高く、20代前半の経験者も多いので「若さ」への期待値は低い。重視するのは職場適性や仕事姿勢なので、前職場を短期で辞めた方は厳しくチェック。納得のいく前向きな退職理由があるかどうかですね。（アパレル）

●履歴書のPOINT
❶職歴が1社だけ……という場合、空欄が多くならないよう履歴書用紙を選ぶ。「職務経歴書」を添付していても、＜職歴欄＞には所属部署や業務のポイントを簡潔に記す。
❷資格以外でも、志望する仕事に関連したスキルを記入して基礎力や意欲を示すことが大切。スクール通学などもインパクトのあるプラス評価になる。
❸志望動機には、再出発したいという気持ちと勤続意欲を率直に示しておきたい。具体的な退職理由に触れるスペースがないので「職務経歴書」でカバー。
❹希望はダラダラ書くより、箇条書きに。希望職種は必ず明記。応募書類で具体的な希望給与額に触れるのは避けたほうが無難。ここでは前職給与の表示にとどめている。

3 ケース別応募書類
入社2～3年目で未経験の仕事に

■未経験職種でも"社会人経験"は売れる

前職での実務経験やスキルが問われるのは「即戦力」を期待されているせい。だから未経験の仕事にチャレンジする場合は、これまでの仕事内容を書く意味がないのでは……。もし、こんな考えをもっているとしたら、大間違い。

志望職種が未経験でも、勤務経験のある人にはアピールできる"経験"が少なからずあるからだ。たとえば使えるパソコンソフト、関連業界の知識などのほか、取引先との折衝や後輩の指導、業務目標達成への努力、クレーム処理など"社会人経験"そのものが評価されることもある。

その意味でも、志望職種についての研究をして、それを踏まえたうえで「履歴書」や「職務経歴書」をまとめていくことが不可欠だ。応募する仕事に役立つ知識やスキル、適性までをしっかり見極めれば、これまでの仕事に共通することやアピールできることが見つかるはず。単なる憧れだけで応募する人が"落ちる"のは、その辺の甘さが応募書類に表れてしまうせいなのだ。

職務経歴書

平成15年6月12日
神奈川県横浜市青葉区
美しが丘1-2-3
田中修司

■応募職種
貴社、OAコンサルタントに応募します。

■業務関連の学歴
①□□学園大学で、2年次から経済・経営と高度情報化の関係を研究するゼミに在籍。企業事例によって基幹業務を統合的に管理するERPパッケージ導入による経営の効率化を学んだ。そのほか、IT時代の世界規模のアウトソーシングの可能性やマルチメディアによる企業広報などを学習。

■職務経歴

時期	担当業務	身につけた知識・技能
②平成13年4月～1年強	日実運輸株式会社に入社 新人研修後、総務部人事課に配属 勤怠管理、給与計算、社会保険関係業務の補佐、会社案内の改訂、社内研修の運営などに携わる。	OAスキル（ブラインドタッチ、ワード・エクセル活用）／労務管理の基礎知識／社会保険の基礎知識／アシスタントとして研修講師も体験
平成14年7月～1年強	総務部総務課に異動 福利厚生施設の管理運営、備品の購買管理、イントラネットによるERP導入に伴う社内調整窓口および社内向け活用研修の企画・運営を担当。	取引先や関連会社、また社内向け連絡・折衝・調整などコミュニケーション力の向上／講習会開催などに伴う企画提案・手配・広報の実務知識

■自己啓発と実績
③①前職場のERP導入に伴い、自発的に情報サービス会社の顧客向け研修やSEによるカスタマイズのための指導を受けて、各部門の業務プロセスの検証や標準化のスムーズな進行に貢献。ERPによる効率化の全容理解に努力した。
②システム構築に関しての知識がないため、OSやプログラミングの基礎、コンピュータ全般を知ろうと勤務の傍ら夜間のPCスクールに通学。OA操作指導も自己流ではないスキルを取得しようと考えMOUS検定にチャレンジ。Word、Excel「一般」を取得し、社内向け研修に生かした。現在は「上級」取得のため学習中。

■自己PR
④IT時代の到来が、具体的に企業経営とどう関わってくるのかは、学生時代からの関心事でした。前職場でERP導入に伴う社内調整窓口を務めたことで、このOAコンサルタントの仕事を知り、より幅広い企業の経営現場で自分を役立てたいとの思いがふくらみ、転職を決意致しました。
未経験ですが、現場レベルのIT活用を推進するOAコンサルタントとして、これまで「社内向けサービス職」であった総務部の経験、また知識をベースに修業して「クライアント利益の第一優先」をモットーとする貴社で貢献できるようになるのが目標です。

●職務経歴書のPOINT

❶志望職種は営業系。未経験分野だが、学生時代に関係した勉強をしていれば記述。卒業後2～3年なら、まだアピールポイントになる。同じ理由で新人研修にも触れたい。

❷まったく関連のない前職業務が残らず詳細に書き込まれていても煩雑なだけ。伝えるべきポイントを絞って、このように読みやすくまとめる工夫も大切。

❸未経験職種への応募は意欲や熱意が重要だが、いかに精神論から脱却するかがポイント。「履歴書」では伝えきれなかった自己啓発などに触れると効果もバツグンだ。

❹また、この自己PRでは一点突破のつもりで志望職種に不可欠な適性についてアピールしている。今後の目標を示していくのも、忘れてはいけない基本だ。

採用担当者が見る未経験者の応募

●納得のいく志望動機がほしい
採用後の研修が前提となる採用で重視するのは仕事への考え方。生かせる職歴があるのに、なぜ未経験の仕事を志すのか……。その理由が明確でないと、あえて未経験者を採用することにリスクを感じます。（IT関連）

●応募書類で常識を判断する
未経験者も歓迎しますが、ビジネスの常識から教えるようでは困る。社会人経験があれば基礎力は期待できますが、応募書類の体裁や書き方を見て判断します。また当社業務に役立つ経験があれば、ポイントは比較的高くなります。（雑貨卸）

●貢献への意欲があるかどうか
意欲のある方はキャッチアップが早いので未経験者でも歓迎します。ただ"意欲"の誤認は困る。転職者なら、自分がどう会社に貢献できるかを示すべき。それがなくて「好き」や「興味がある」に終始してしまう応募書類ではダメですね。（旅行代理店）

●履歴書のPOINT

❶卒業論文のテーマなども本人の関心をアピールするのに役立つ。志望動機や自己PRの背景となり、思いつきの応募ではないことが伝えられるので有利。

❷この場合は社名から推測できるため省いているが、それ以外なら前職場の業種業界も記入。志望先またはその取引先など、実務のうえで業界知識が評価されることもある。

❸くわしく記した「職務経歴書」を添える場合も、ベースになるのは「履歴書」。配属部署や主要業務、志望職種に関連した業務は必ず記入しておく。

❹❺漠然とした熱意でなく、関連した何らかの経験に基づく志望職種への考え方や関連知識やスキルを記せるかどうかが重要。「これから勉強」ではライバルに勝てない。

4 ケース別応募書類
2～3年の実務経験を生かし転職

■ 早期戦力化と採用後の成長に期待を抱かせる

同職種への転職、あるいは同じ分野への転職なら実務経験が武器になる。とは言っても、職種によっては2～3年程度のキャリアでは経験で勝負するにはもの足りない印象がなきにしもあらず。本当の即戦力を求めている会社なら、よりキャリアのある応募者を選ぶことになるはずだ。

では、採用担当者が実務のベテランよりも経験2～3年の応募者に期待するものは何か、と言えば"柔軟性"と"可能性"に尽きるだろう。

年齢が若い分だけ、いち早く会社の方針になじんで近い将来には中核的な戦力として成長してくれる期待がもてる。また営業・企画・開発系の職種はもちろん事務系職種でも、前職経験をベースに新しい視点や感性による業務提案などを行い、中途採用者が大きな業績を挙げていく例も多い。

採用担当者が、そうした面を応募書類から読み取ろうとしていることを、きちんと意識できるかどうかで「履歴書」や「職務経歴書」のつくり方もかなり違ったものになってくるはずだ。

●職務経歴書のPOINT

❶より詳細な記述をするほど自分なりの仕事の進め方や意欲も伝わり、可能性を感じてもらえる。だが長文になると読みにくい。箇条書きにするフォーマットの工夫も必要だ。

❷その業種業態、仕事分野で話題になっている新技術や新システムに関する経験があれば必ず記入。経験年数が短い人も、新分野ならベテランにひけはとらないので有利に。

❸注目してもらうため、ポイントになる語句を見出しにするのもおすすめ。業績や仕事姿勢、また情報収集や業務提案なども高く評価される例が多い。

❹また、同分野へのチャレンジで問題にされるのは「転職理由」。前職場でのトラブルなどを懸念させないように、履歴書とあわせて納得のいく理由を書き添えたい。

職務経歴書

平成15年5月12日
鈴木明子

＜所属＞
平成13年4月～
　　　　4週間
○○ケミカル株式会社（医薬部外品・化粧品製造販売／本社：大阪）入社。
総合新人研修でビジネスマナー、OA端末操作の習得。また事業内容と組織戦略、経営理念と将来戦略などのガイダンスを受ける。

平成13年5月～
現在
営業研修後、希望の化粧品事業部に配属される。
ティーン向けスキンケア商品・コスメティック商品・化粧雑貨を扱う第2営業課でルートセールスを担当。

＜担当業務＞
取引先管理　　卸問屋とそのチャネル店舗、大手ドラッグストアなど取引先管理および拡張のための各種調査や提案、支援活動など
　　◇新商品の案内、問い合わせへの対応
　　◇各種販促用品の配布、陳列方法などの提案
　　◇キャンペーンやセールの企画提案、運営サポート
　　◇売上目標の達成、および実績数値の管理
　　◇取引先の在庫状況や売上げ状況の把握 ❶

取引先開拓　　新規取引先の開拓営業
　　◇コンビニなど新チャネルへの営業活動
　　◇異業種交流会「eコマース研究会」への参加 ❷

市場調査　　小売店ベースでの商品調査・購買ニーズの調査など
　　◇地域別、店舗タイプ別の売上げ格差の調査、レポート提出
　　◇競合商品の調査、および評判の採取、レポート提出 ❸

商品開発支援　店舗情報の開発部門へのフィードバック
　　◇各種の店舗情報をもとにした商品・包装の改良提案
　　◇取引先へのサンプル商品の持ち込みと反響の採取
　　◇新商品開発プロジェクト、商品企画会議への参加

＜褒賞＞
平成14年12月　　年末拡張キャンペーンの新規開拓実績により「アロー賞」受賞
平成15年4月　　「ジュニアメーク・シリーズ」への一連の提案で、所属チームが経営実績に貢献した提案・実行に贈られる「社長褒賞」を受賞

＜自己PR＞
マーケティングスタッフを志望します。大学で数学を専攻したのも、もともとは数学や理論分析が好きで理系を選んだのが理由でした。
前職では、営業職として収集した売場情報を商品企画や販売戦略に生かすことの大切さを実感。実践的にマーケティングにかかわってきましたが、今後はより体系的な知識と手法を学んで専門職を目指したく転職を決心しました。化粧品業界の知識が生かせる貴社で、これまでの経験も役立てながら新人のつもりで業務に取り組み、新しいキャリアを築き貢献したいと思います。 ❹

採用担当者が見る同分野への転職

●なぜ辞める必要があるのか
長く勤続してほしいので、退職理由が知りたい。「ステップアップのため」とは誰でも書きますが、どうステップアップしたいのか……前の職場では不可能で、当社なら可能になるような理由がほしい。何かトラブルで辞めた方でも、その事情を本人の責任として整理して書いてあるような応募者なら誠実に思えます。（建築設計）

●使える"経験"を評価する
たとえば実務経験も7～8年以上あれば、まぁ何をやらせても大丈夫だろうと思えます。でも、2～3年程度の経験というのは判断がむずかしい。どこまでの仕事なら任せられるのか……「職務経歴書」で経験の中身の説明を求めたい。やはり当社で使えるような経験がある応募者を優先したいので。（服飾企画）

●履歴書のPOINT

❶志望先の業界や職種に関連する専門教育も評価対象。とくに国家資格に関連した学歴ならアピール効果がある。専攻まできちんと記入しよう。

❷「職務経歴書」に頼らず、配属先と仕事内容を簡潔に記す。営業なら営業形式、顧客先、扱い商品、役割などを入れる。当然だが志望職種に関連した業務は書きもらさない。

❸在職中なら、欄がなくても退職予定日を記入したり入社可能日を記入するのも基本。未定なら在職中の会社の就業規則などを確認し「採用後1ヵ月以内」などと書いても可。

❹資格はもちろんだが、今後の業務に関連してくる講座の受講や独習も評価される。具体的な自己啓発の実績は意欲や向上心の証明にもなる。

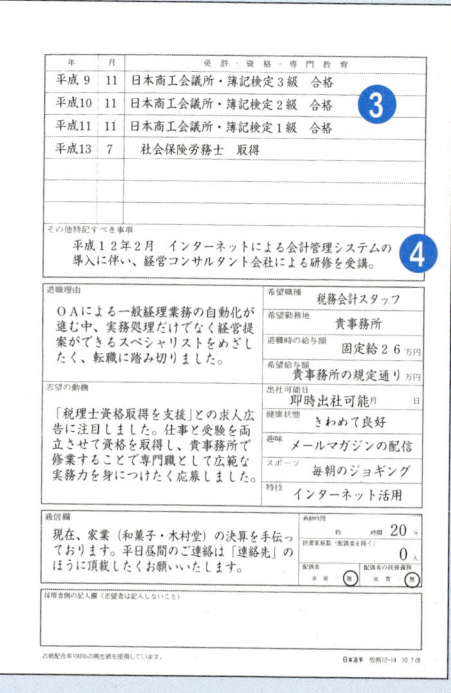

5 ケース別応募書類
5年以上の経験を売る転職

■すぐにも実務に取りかかれる即戦力を伝える

終身雇用制が崩れた昨今は、同じ会社に長く勤続しただけで、会社への帰属意識が高く真面目で根気がある……とプラス評価されることもある。

ただし、5年以上の実務経験があるというだけでは、必ずしも即戦力になる実力者だとは思われないこともある。職種によって、また会社によっては実力と経験年数に関する考え方にかなりの違いが見られるからだ。

その意味では、実務経験年数、ましてや勤続年数に頼りすぎてはいけない。伝えるべきは、あくまでも経験の中身。任されてきた役割や守備範囲、具体的な仕事内容を記し、それらをこなすスキルがあることを示す必要がある。

実務に関連した専門知識や技能のほか、業界知識や商品知識、業務の流れの把握、判断や処理の速度など、書くべき事項はとても多いため「職務経歴書」は不可欠。そのほか長く勤務した会社を辞めて別の会社で同じ仕事をする必然的な理由、また柔軟性などがチェックされることも留意したい。

94

●職務経歴書のPOINT

❶ これはスタンダードな書き方。フォーマットは自由なので、経験年数によっては直近から書いたり、担当内容によっては業務別の項目立てもあるので各自の工夫が必要。

❷ 業務には直接関係がなくても、後輩の指導やマニュアル作成経験はアピールポイント。忘れずに記入しておきたい。

❸ 経理の場合もパソコンスキルは重要。使えるソフトについては具体的な名称のほか、バージョンや活用レベルまで入れるとさらによい。

❹ 全体的には即戦力の明示が大切だが、今後の成長と貢献を期待させることもカギになる。新システム導入に携わったことや将来目標などで積極性や向上心を前面に出そう。

職務経歴書

平成15年10月12日
木村 敦

1．担当業務

❶
平成10年 4月　株式会社□□電機販売株式会社　入社
　　　　　　　＜家電・パソコン機器の販売、取付工事・修理、携帯電話の販売／資本金8,000万円／年商200億円／従業員数325名＞
　　　　　　　1週間の入社訓練を経て、販売研修のため本店「電気館」に配属。
　　　　　　　OJTにより接客販売、在庫・発注管理、納品・工事スケジュール手配などの業務を経験する。

平成10年 7月　経理部に正規配属となる（日商簿記3級）。
　　　　　　　＜経理部の人員は、取締役部長を含め3名（配属時4名）＞
　　　　　　　経理の流れ、経理ソフト活用を学んだ後、退職者の一部業務を引き継ぐ。
　　　　　　　・仕訳、パソコン入力、帳票作成管理
　　　　　　　・小口現金の取り扱い
　　　　　　　・月間の売り上げ勘定書作成・管理
　　　　　　　・売り上げ集計、各種報告書の作成

平成10年12月　日常業務に加え、全店月次決算も担当（日商簿記2級）。
　　　　　　　・売上推移、事業別損益バランス推移など経営資料の作成

平成11年 4月　日常業務に加え、本店年次決算および全店決算業務をサポート。
　　　　　　　・貸借対照表、損益計算書など決算書類の作成

平成12年 4月　本店決算業務を任される。また経理業務システムの導入により、日常業務に以下が加わる（日商簿記1級）。
　　　　　　　・決算書類の作成および経営コンサルタント事務所との連絡

平成13年 4月　銀行勘定管理、取引先支払いなど手形管理も担当。
　　　　　　　・スタッフ交替があり、後輩指導に携わる。
　　　　　　　・本店勤怠管理と給与計算業務、社会保険事務（社労士資格取得）

平成14年 4月　全店決算業務を任されるようになる。
❷
　　　　　　　連結決算による新会計システムの導入準備がはじまる。
　　　　　　　外部専門家との連絡など上司の補佐業務が増える。
　　　　　　　・新会計システム導入に伴う社内マニュアル作成

平成15年 4月　経理部主任に昇進、上司代行も務める。
　　　　　　　・融資手続き書類の作成、銀行との折衝業務補佐

平成15年 9月　一身上の都合により退職、現在にいたる

2．PCスキル
❸
経験機種：Windows98～XP
活用ソフト：一般事務ソフト（ワード、エクセル）、経理ソフト（繁盛7、経理ネット）

3．自己PR
❹
6年弱の在職中にOA化によって経理も順次変化。会計管理システム導入や連結決算の導入なども経験しました。外部エキスパートに接して触発されたこともあり、単に会計簿記に習熟するだけでなく、より高度な専門知識をベースに経営提案ができるエキスパートを目指して転職を決意しました。早い時期から通信回線による財務・会計のコンサルティングを実施してきた貴事務所で経験を積む傍ら、税理士資格の取得に励むのが当面の目標です。勤勉と努力には自信があります。貴事務所に貢献できる実力を身につけることで、着実にキャリアを築きたく考えております。

採用担当者が見るキャリアを売る転職

●担当業務の詳細が知りたい
たとえば同じ年数の経験者でも、勤務先の規模や転職歴の有無で守備範囲や経験値には差がつくもの。決して幅広い経験を求めているわけではありませんが、主要業務を書くだけでは勤務の全体像がつかみにくい。その辺に留意して担当業務をくわしく説明している応募者は、それだけで「わかってるな」と信頼感を感じます。（貿易代行）

●経験年数に応じた書類がほしい
勤務経験の長い人なら、小・中の学歴や高校時代の英検は無意味。それより現在のスキルや業務経験、退職理由、志望動機が重要なので、それに応じた「履歴書」を出してほしいですね。また経験がある応募者ほど「職務経歴書」のまとめ方で差がつきます。ダラダラ書かれたものを見ると、頭の中も整理できていない印象を受けます。（専門商社）

●履歴書のPONT

❶ 職種によっては、業種・業界や規模で仕事内容が変化するもの。経理の場合は規模による守備範囲の差が多く見られるため、必ず会社規模を記入しておきたい。

❷ くわしい内容は「職務経歴書」にまとめるが、それに頼らず簡潔に記す。経理の場合は担当業務で実力レベルもわかりやすいため、ポイントを箇条書きにするのもよい。

❸ 同種の資格は最新の上位ランクのみの記入が普通。だが、目標をもってコツコツと積み上げていく姿勢を見せるために、このような書き方も可。

❹ 経験年数が長い人は、前職場のやり方や自分なりの仕事スタイルが固まっていて柔軟性に乏しい面も……。新しいことにも積極的に取り組んでいく姿勢をアピール。

6 ケース別応募書類 外資系企業への応募

■英文履歴書とカバーレターを添える

日本で活動する外国企業や外資系企業への応募では、日本語の「履歴書」「職務経歴書」に添えて「英文履歴書（英文レジュメ）」の提出を求められるケースが多い。とくに採用人事権をもつ役員などが外国人の場合は不可欠と考えてよい。

また、その際は「カバーレター」の提出も"お約束"。これは日本語でいう「送付書」や「添え状」とは若干違ったニュアンスをもち、面接アポイントを勝ち取る申し入れ書。一般の「添え状」については後述するが、英文の「カバーレター」は応募の必須書類と考えるほうが当たっている。

「英文履歴書」や「カバーレター」には、定型のパターンがない。その分、自分をプレゼンテーションする能力も見られるのが普通。レイアウトが見やすく、わかりやすいことは前提。業務スキルや将来目標などはハッキリとした表現で打ち出し、自分が応募先のニーズにぴったり合致していることを強くアピールする。外国企業や外資系企業の選考では、"謙遜"や"ひかえめ"という美徳は評価されないことを知っておこう。

■用紙はＡ４、手書きは論外とされている

英文履歴書の場合、日本の履歴書とは違って手書きはしない。英文タイプまたはワープロソフトで作成するのが普通で、アメリカでは用紙選びにも気を使うという。

「レジュメとカバーレターは自分を売り込むセールスツール。内容はもちろんですが、採用担当の関心をひくには見た目も大切です。通常のプリンター用紙を使って平気な応募者もいますが、厚手の上質な用紙を使うことも考えたほうがいい」とは、あるアメリカ企業のマネジャー。

また当然ながら、英語力のチェックもされる。スペルミスのないように注意するだけでなく、表現や言い回しにも注意。たとえば職歴の記述の際も、「一般来訪客の応対をしていた」のか、使う言葉でニュアンスが変わることも多い。より適切な表現を心がけ、できれば英語を母国語にするネイティブにチェックをしてもらうと確実だろう。

```
                    ATSUKO ONDA
                    1-2-3 Nakanominami
               Nakano-ku, Tokyo JAPAN 164-0000
                    Tel: 03-3333-1234
```

① PERSONAL DATA

② OBJECTIVE: A position in the Editorial Department of World Traveler leading to a position as a manager.

③ QUALIFICATIONS: Five years work experience as a member of the staff coupled with educational background specialized in world culture.

④ EXPERIENCE: NAKANOSHA CO. LTD., Tokyo   Apr 1998 – Present
ASSOCIATE EDITOR, "Chikyutanken". Editing one of Japan's major illustrated magazines, focused upon affairs of geography and history. Responsible for feature articles on the past and the present about a number of countries.

⑤ EDUCATION: MOMIJIYAMA UNIVERSITY, Shibuya, Tokyo   Apr 1994 – Mar 1998
Major: Comparative Literature. Foreign Language Dept.
Thesis: A Comparative Study of World Myths
ENGLISH SPEAKING SOCIETY, Shinjuku, Tokyo   Apr 1992 – Sep 1995
Studied English conversation and participated in university language competitions.

⑥ LANGUAGES: Fluent in English
TOEIC score 851 – Mar 2003
Ministry of Education's Award of Excellence for passing the Eiken English Exam 1st Grade – Nov 2000

⑦ SKILLS: Macintosh PC with Claris Works, Microsoft Excel, MacWrite and PageMaker.

⑧ INTERESTS: Travel, Piano, Reading and Japanese Dancing.

⑨   Reference and Transcripts available upon request.

●英文履歴書のPOINT

①**PERSONAL DATA**（個人情報）
まず氏名を書き、タイトル代わりに。次いで、現住所（郵便番号）や電話番号を記入。ケースによっては生年月日や国籍などを書くこともあるが、アメリカでは性別・年齢・人種などによる差別が禁じられているため記入しない。日本語の通常の履歴書も送るなら、とくに記載は不要だ。

②**OBJECTIVE**（応募の目的）
希望職種から書くと、キャリア目標や入社意思をアピールしやすい。とくにアメリカ系企業では昇進の希望まで記入するほうが評価される。

③**QUALIFICATIONS**（応募資格）
応募の目的と合わせて注目される項目。自分が希望職種にふさわしい実力をもっていることを簡潔にアピールする。

④**EXPERIENCE**（職歴）
直近の職歴から過去に遡って書くのが普通。内容は、会社名・勤務期間・肩書・担当業務・業績など。業務関連の企業研修の受講などもここに記入。長い職歴がある場合もダラダラ羅列せず、応募先と関連のあるものを強調して全体にシンプルに。

⑤**EDUCATION**（学歴）
通常は最終学歴のみでよいが、留学経験者や帰国子女の場合は海外での学歴も明記したい。また希望職種に関連する専攻科目・論文テーマなどがあればできるだけ具体的に書く。語学スクールへの通学などもここにまとめる。

⑥**LANGUAGES**（語学）
語学レベルについては採否ポイントにもなる。現在の実力の目安がつくように、なるべく最近に受けた検定などを記すとよい。

⑦**SKILLS**（ビジネス技能）
趣味的な特技は含まれないので注意。志望職種あるいは応募先で先で役立つビジネス技能などを書き込む。

⑧**INTERESTS**（趣味・関心事）
必須の項目ではない。ただしパーソナリティを伝えたい………など本人の考え方次第では記入も可。とくに「日本舞踊の名取である」などは書いてソンはないとの話もある。

⑨**REFERENCE**（信用照会先）
身元保証人。要求があり次第提出、とするのが一般的。

① 1-2-3 Nakanominami
Nakano-ku, Tokyo
164-0000
November 11, 2003

② Attn: Mr. Stephen Hulings
Personnel Department
ABC Publishing Co. Ltd.
4-5 Ginza, Chuo-ku
Tokyo

③ Re : Editor of World Traveler

④ Dear Mr. Hulings :

⑤ After reading your notice for the above position in [The Japan Times] of August 27, I am sending my resume for your review. With my educational background and work experience, I feel I am well qualified for the position.

My major field of study at Momijiyama University was comparative literature in English-speaking countries with emphasis on culture and expression, in each country which led to me being concerned with folklore. In addition, I have been editing travel magazines introducing life and culture with quality photography and interviews of people in a number of countries. My thesis on world myths has been valuable in helping me contact and comprehend people in different environments. Each year, I have been deeply involved in various aspects of research and editing, which brought me to feel more interested in and enthusiastic about an inquiry into nature all over the world. I truly believe that may past experience will enable me to make a strong contribution to World Traveler.

I would greatly appreciate the opportunity to discuss my qualifications with you in more detail. It is my intention to call you next week to determine the most convenient time for an interview.

I look forward to talking with you soon.

⑥ Sincerely yours,
⑦ *Atsuko Onda*
Atsuko Onda

● カバーレターのPOINT

①PRESENT ADDRESS（現住所）・DATE（日付）
上部を2センチほど空けて右寄せで書くのが普通。住所の下に1行空けて提出日または投函日を記す。この例はアメリカ式でイギリスやヨーロッパなら、「11 November 2003」

②ATTENTION（宛名）
人事担当者の名前・部署・会社名・所在地の順で書く。担当者の名前がわからないときは、「Attn: The Personnel Director」や「Attn: The Recruiting Manager」などにする。

③RE（～に関して）
件名として、求人募集の職種名などを入れる。

④SALUTATION（起首）
日本語の拝啓などに当たる語。担当者名が不明の場合は「Dear Sir or Madam」とする。

⑤BODY（本文）
カバーレターの内容は大きく3段落。まず書き出しは、求人の情報をどうやって知ったか。新聞や求人誌、また知人の紹介など簡単でよい。2段落目は応募職種に対する自分のキャリアや適性、能力、また貢献できるというアピール。最後の段落で面接の予約をする。自分の都合のよい日にちを具体的に挙げてアプローチするのがコツ。

⑥COMPLIMENTARY CLOSE（結語）
日本語の敬具などに当たる。例はアメリカ式。イギリス企業の場合は「Yours faithfully,」。

⑦SIGN（署名）
結語の下にスペースを置いて、氏名をタイピング。その空間に自筆の署名をする。

98

第5章

職務経歴書の書き方
自分が"採用される理由"を一覧できるように整理

職務経歴書が履歴書と違うのは、決まった書式がなく自由な点。その分、応募者ごとの格差がつきやすく、何を書くか、どう書くかで採否に大きく影響する。とくに注意したいのは履歴書に書き切れなかった項目やアピールしたいことが山ほどある人。忙しい採用担当者にじっくり腰を据えて読んでもらうことを期待してはいけない。見やすさを第一に考え、"自分が採用される理由"が一覧できるように整理してメリハリのあるものにしていくことを心がけよう。

意味がない

職務経歴書

平成15年6月30日現在
工藤清士

■希望職種：印刷営業を志望します。

■経歴概略：写植版下の時代に印刷業界に入り、2社で15年強の経験を積みました。
その間、急速な印刷技術のデジタル化を体験。早い時期からMac操作やDTP系ソフトの活用を学び、DTPエキスパート試験および2年ごとの更新試験にもチャレンジして専門知識と先端技術の習得に努めて実務に生かすと同時に、各部門との調整や取引先への提案助言に積極的に携わってきました。

■職務経歴：平成7年4月～平成11年9月（4年5ヵ月勤続）
　○×印刷株式会社（埼玉県／資本金2千万円／従業員数60名）
　埼玉本社工場制作部に配属され、版下修正や製版フィルム作成に携わる。
　2年後、新設されたデジタルプロセス部に主任として異動。
　　＜主な業務＞・デザイン指定を基にポスターやPR誌のDTPデータ作成作業。
　　　　　　　・出力紙による校正や赤字修正など代理店とのやりとり。
　　　　　　　・納品スケジュールおよび工務部門との調整など工程管理。
　　＜退職理由＞大手取引先の倒産など急激な経営悪化による給与遅配。

　平成11年10月～平成15年6月（3年8ヵ月勤続）
　株式会社○△プロセス（東京都／資本金5千万／従業員数170名）
　大手出版社系列の印刷窓口専門会社。DTPオペレーターとして週刊誌を扱う第一サービス部デジタル課に配属。
　1年半後、デジタル課課長に昇格。
　　＜主な業務＞・「週刊□□」を担当、DTPデータ作成や赤字修正の実作業。
　　　　　　　・課長職として進行管理も兼務し、工務部門との調整も担当。
　　　　　　　・営業を補佐して編集部デスクや外部デザイナーへの提案や助言。
　　＜退職理由＞進行管理や営業補佐業務を通じて、発注者への提案業務の重要性を痛感。幅広い印刷物を扱う場面で発注者と印刷現場をつなぐパイプ役を務めたく、営業職への転身を決意。

■自己PR：インターネットなど新しいメディアが注目されていますが、そんな中であえて紙媒体やDTP技術の可能性を追求し、印刷を中心に出力サービスから制作まで幅広い事業展開をしている貴社に関心をもっています。
これまで技術職として、劇的とも言えるほどの印刷業界の変貌を体験。新しい技術を的確に有効に活用することが品質の向上とコストの削減、そして顧客満足につながっていくことを痛感してきました。今後は、培ってきた知識や経験、またコミュニケーション力をベースに、営業職として印刷メディアに携わって、その可能性を具体的に追求していくことで社会貢献ができる仕事をしたいと考えています。

●自分なりの項目と形式を設定してアピール

同じ応募者の「職務経歴書」も、作り方次第で見た目も内容も変わる。自分で作成すればアピールしたいことに合わせてフォーマットも自由に決められるからだ。基礎的なパソコンスキルは今やあらゆる職種に不可欠。その証明にもなると考え、最近はパソコンやワープロを使う応募者がほとんど。実際にそのほうが読みやすく歓迎される。「字がキレイなのが自慢」など特別な理由がない限り手書きは避けたほうが無難だ。
さらに内容面での、この実例見本の工夫は「経歴概略」としてキャリア要約を記述したこと。また勤務先によって担当業務を分類して箇条書き。もし志望がDTPオペレーターなら活用ソフトも記載したいが、営業望なので省略し対人折衝の経験をクローズアップしている。

履歴書にある情報の繰り返しでは

志望先の会社が「職務経歴書」を求めるのは、
書類選考の際に「履歴書」では不足しがちな応募者情報を補って
より的確でスムーズに判断を下す資料にしたいからだ。
決まった書式がないので何をどう書くか工夫することになるが、
この書類を求められた第一の理由を忘れてはいけない。

●市販の用紙を使いこなすには工夫が必要

「職務経歴書」にも市販の用紙がある。種類によって若干の差はあるものの、履歴書の職歴欄にそっくりなものが主流。それを使って書いたのが右の実例見本だ。正直なところ、採用担当者に選ばれるとは思いにくい。ダメな理由は大きく2つある。まず記述内容。ここにあるのは、履歴書で十分に伝えられる情報だけなのだ。単に履歴書の情報を書き替えた「職務経歴書」を提出するのでは、自分に有利なアピールはできない。2つ目の理由は見た目。手書きであることは必ずしもNGではないが、全体にメリハリがないため読みにくい。罫線による欄にこだわらず独自の項目見出しを立てるなどの工夫が不可欠だろう。

(平成15年6月30日現在)

職務経歴書　　　　　　　　　　　氏名 工藤 清士

年	月	勤務先及び職務内容
平成7	4	○×印刷株式会社 入社
		新人研修の後、埼玉工場制作部に配属
		職務内容：版下修正～製版フィルム作成までに携わる
平成8	8	DTPエキスパート試験合格
平成9	4	組織変更に伴い、デジタルプロセス部に異動
		主任に昇格
		職務内容：DTP実作業全般 および 工程管理
平成10	8	DTPエキスパート更新試験合格
平成11	9	会社都合により退職
平成11	10	普通自動車運転免許取得
平成11	10	株式会社○△プロセス 入社
		第一サービス部 デジタル課に配属
		職務内容：DTPオペレーターとして実作業に携わる
平成12	8	DTPエキスパート更新試験合格
平成13	4	デジタル課 係長に昇格
		職務内容：実作業のほか 工務 および 営業のサポート
平成14	8	DTPエキスパート更新試験 合格
平成15	6	一身上の都合により退職
		以上

自己PR
デザイン・レイアウトからプロセス、各種出力サービス、CD-ROM制作まで幅広い事業を展開する貴社なら、今までの経験や実績が役立てられると考えています。専門知識と技術には自信がありますので、よろしくお願い致します。

1 「職務経歴書」で何をどう書いたらよいのか

■くわしく書けばよいというものではない

何回も言うようだが「職務経歴書」は、自分を売り込むための情報を提供する書類。選考の際に、その応募者の情報源として活用されるため、自分の職歴や経験内容をできるだけくわしく書こうに……と多くの転職ノウハウ本も教えている。

しかし、ここで忘れてはいけないのが自分の志望だ。たとえば未経験の営業にチャレンジしたい人なら、これまでの事務の専門的な経験や業務内容をこと細かに説明するより、社内外との調整・折衝を通じたコミュニケーション力をアピールしたほうがインパクトがあり評価も高くなるはずだ。

大切なのはくわしく書くことだけではなく、どこにスポットライトを当てるか……という点なのだ。その意味では、同じ応募者でも志望する仕事や会社によって「職務経歴」も違ってきて当然。これまでの自分のキャリアを棚卸ししたうえで、自分の志望と応募する会社の求人ニーズに合う部分を選択してまとめたい。左ページを参考に記述すべき情報を自分なりに整理してまとめよう。

■A4用紙1枚で簡潔にまとめる

盛り込む内容が決まったら実際に書きはじめるわけだが、書き方のスタイルに触れる前に基本のルールについて述べたい。

まず用紙の大きさ。おすすめしたいのは通常のビジネス書類のサイズであるA4判を縦長に使用する方法。いまは、これが一般的となっている。

だが、志望先などケースによっては通常の履歴書サイズのB5判（縦長）、またはそれを開いた履歴書サイズであるB4判（横長）を使って履歴書と揃え2つ折りする方法も選択肢のひとつだ。いずれの用紙も横書きで使うことが原則。

さらに大切なのが分量。気をつけたいのはキャリアの長い人だ。膨大なキャリアを"自分史"のように詳細に綴っても、読んでもらえないばかりかマイナス印象となるだけ。ポイントを押さえて1枚で簡潔にまとめることが望ましい。どんなに長い職歴や伝えるべきアピール事項があっても、最大3枚以内に収める。それを超せば、危険な領域に入ることを認識しておこう。

●職務経歴書に盛り込みたい情報

冒頭

- ●作成日(提出日)と名前
  氏名は手書きで署名・捺印をするケースもあるが、基本的にはパソコンによる記述でOK。また、履歴書の日付と合わせて作成日(提出日)も記入する。生年月日・住所・電話番号などはスペースに余裕がある場合にのみ、レイアウトとの関係で入れるかどうか決めればよい。

- ●志望職種
  本来は履歴書に記入する情報。だが、応募先の会社が複数の職種を同時募集しているような場合、判別のために履歴書と重複して記入する。

職務経歴

- ●勤務先・所属・ポジション
  骨子だけでは履歴書の＜職歴欄＞と同じ。必要なら事業内容や営業スタイル、規模など職場環境がわかる情報を入れる。またポジションも役職名のみでなく、所属部署やチームの規模、部下の人数などを記せば、そこでどういう位置を占めていたかもわかりやすい。

- ●職種・担当業務
  職種や役割、また志望によって書き方に差がつく。ベース業務と付帯業務を分けて記述するのもOK。仕事内容や処理方法、責任範囲、実績などを記述するが、ケースに応じてクローズアップする部分を選びたい。また実務力をより具体的に説明するために、顧客数や扱い量など数値を入れていくとベター。

専門知識や技術

- ●業務関連の学歴
  志望する仕事に関連した学歴があれば、それをくわしく記述。専攻学科やゼミで学んだことのほか、学生時代に経験したインターンシップ、卒業論文(卒業制作)、クラブや同好会での勉強なども基礎力のアピールになる。

- ●資格・スキル
  志望に関係したものは履歴書と重複しても記述したほうがいい。そのほか履歴書に書くほどではなかった社内資格、退職により抹消されてしまった業界資格なども網羅しておくべき。"資格"として社会一般では通用しなくても、採用選考では専門知識や技能の証明になる。また資格認定のない業務スキルについても「中国・広東語一般商用文翻訳可能」など実力レベルを示す何らかの説明を行うとベター。

- ●社内研修や自己啓発
  新人研修・業務研修・能力開発研修など、勤務先で受けた教育訓練などもアピール要素。とくにキャリアが浅い人の場合は新人研修などで社会人としての基礎訓練を受けたことも評価される例が多い。そのほか在職中の業界研修や同業者の勉強会、異業種交流会などへの参加は意欲アピールに強い説得力をもつ。

評価・報奨

- ●昇格・特命業務
  昇格など勤務先の評価を示すと強いインパクトがある。そのほか後輩指導や上司代行、クレーム処理に携わった経験なども職場の信頼度の目安になる。

- ●表彰・受賞
  表彰・受賞は、実務能力や実績の証明になるだけでなく目標達成への強い意欲を感じさせる。社長賞、奨励賞などのほか「売上実績は常にトップ10」などでもOK。また「年間皆勤賞」「10年勤続報奨」なども、真面目な勤務姿勢をアピールする効果がある。

仕事姿勢や意欲

- ●退職理由
  「会社の都合」「一身上の都合」だけではなく、採用担当者はくわしい退職の理由を知りたがっている。履歴書に＜退職理由欄＞があれば不要だが、なければ職務経歴書のどこかで必ず触れておきたい。

- ●自己PR・志望動機
  自分がいかに求人企業のニーズに合っているかをアピールしたり、履歴書で書ききれなかった志望動機について書く。とくに採用されたら自分がどう働きたいか、どう貢献したいかなどは重要な情報。将来目標も必須項目だ。そのほか履歴書でできなかった職歴ブランクや育児との両立、転職回数などに関するハンディカバーがあれば記入。

2 書式が自由な分だけ創意・工夫で差がつく

■ 読みやすさを第一にレイアウトを考える

職務経歴書は自由な書式スタイルで書いてOK。経験の長さや職種、アピールしたい内容によって、読みやすい書式スタイルを工夫することで効果は倍増する。同じ経歴でも、構成の仕方やレイアウトの工夫で印象も変わるし、採用担当者が注目する箇所も違ってくるからだ。

見出しのつけ方、文字の書体や大きさにも配慮すれば、一層メリハリがつく。さらに伝えたい内容によってはグラフや表を使った視覚的な表現にすることもおすすめだ。パソコンで作成すれば、そうしたアレンジもしやすい。職種によっては扱い商品や開発作品などの写真を添付すると、わかりやすいだけでなくプレゼンテーション能力のアピールにもなる。

ただし避けたいのは、装飾過多になったり"遊び"の要素が目立つスタイル。マスコミ系やファッション系など"柔らかい"と言われる業界の会社でも、保守的な考え方をする採用担当者は少なくない。真剣さや真面目さを疑われては、逆効果になってしまうことを心にとめておこう。

■ 書式スタイルには大きく3種類がある

自分なりの書式を工夫するうえで、基本になる職務経歴書のスタイルは大きく3種類ある。

もっともポピュラーなのが時系列で職歴を示す「編年体式」。慣れない人でも書きやすいのがメリットだ。ただし異動や転職などで職種や担当業務が多岐にわたる応募者や、特定の業務をクローズアップして伝えたい人にはあまり向かない。

2つめが、勤務先や時期にこだわらず業務内容ごと、分野ごとにまとめて書く「キャリア式」。強調したい業務と簡略に伝えるだけでいい業務のメリハリがつけやすいのがメリット。履歴書の職歴欄との照合がしにくくなる場合は経歴一覧などをつけるとよい。

もうひとつが自分流の「フリースタイル式」。編年体式やキャリア式をアレンジするだけでなく、ビジュアル面の工夫をする人も多い。自分のアピールポイントに沿った独自のフォームが成功すれば、かなりの効果が期待できる。

●年代順に書く「編年体式」のフォーム例

職務経歴書

平成00年00月00日
山本咲子

【志望職種】　店長候補

【応募資格】　販売経験者

【職務経歴】
平成00年0月　株式会社エイビーシーでアルバイト勤務（常勤）
　　　　　　　（本社：東京、事業内容：総合服飾製造販売）
　　　　　　販売職として原宿本店（路面店）に配属され、婦人カジュアルを担当。
　　　　　　勤務姿勢が認められ、異例の早さ（3ヵ月）でアルバイトチーフに昇格。
　　　　　　　　主な仕事●接客販売、包装、金銭授受と処理
　　　　　　　　　　　　●在庫管理、店長方針に沿った展示ディスプレイ
　　　　　　　　　　　　●アルバイトチーフとしてローテーション管理、店長補佐
　　　　　　　　　　　　●店内清掃、顧客リスト作成、DM発送

平成00年0月　正社員として登用され、××百貨店〇〇店インショップに転属
　　　　　　□□□□□□□□□□□□□□□□□□□□□□□□□□□□□□□
　　　　　　□□□□□□□□□□□□□□□□□□□□□□□□□□□□□□□
　　　　　　　　主な仕事●□□□□□□□□□□□□□□□□□□□□□□□
　　　　　　　　　　　　●□□□□□□□□□□□□□□□□□□□□□□□
　　　　　　　　　　　　●□□□□□□□□□□□□□□□□□□□□□□□

平成00年0月　××百貨店〇〇店インショップに転属
　　　　　　□□□□□□□□□□□□□□□□□□□□□□□□□□□□□□□
　　　　　　□□□□□□□□□□□□□□□□□□□□□□□□□□□□□□□
　　　　　　　　主な仕事●□□□□□□□□□□□□□□□□□□□□□□□
　　　　　　　　　　　　●□□□□□□□□□□□□□□□□□□□□□□□
　　　　　　　　　　　　●□□□□□□□□□□□□□□□□□□□□□□□

平成00年0月　原宿本店に異動、副店長に昇格。
　　　　　　□□□□□□□□□□□□□□□□□□□□□□□□□□□□□□□
　　　　　　　　主な仕事●□□□□□□□□□□□□□□□□□□□□□□□
　　　　　　　　　　　　●□□□□□□□□□□□□□□□□□□□□□□□
　　　　　　　　　　　　●□□□□□□□□□□□□□□□□□□□□□□□

【自己PR】
　　　　　　□□□□□□□□□□□□□□□□□□□□□□□□□□□□□□□。
　　　　　　□□□□□□□□□□□□□□□□□□□□□□□□□□□□□□□
　　　　　　□□□□□□□□□□□□□□□□□□□□□□□□□□□□□□□
　　　　　　□□□□□□□□□□□□□□。

POINT

- 「職務経歴」を時系列で記載。入社・異動・昇進などの年月順に見出しを立てて整理。最近の職歴から遡って書く人も多いが、5～6年程度の職歴なら通常の書式のほうがベター。
- 担当業務は、具体的に簡潔に記載。箇条書きにすれば読みやすさが増す。アピールしたい内容はとくにていねいに。
- このスタイルは職務内容の強弱がつかず、並列になってしまうのが課題。とくに注目してほしい内容についてコメントをつけ加えたり、「自己PR」などでアピールすることが大切。

● 職務内容中心に書く「キャリア式」のフォーム例

職務経歴書

平成00年00月00日
武田五郎

【応募職種】　営業マネジャー

【経験知識の要約】□□□□□□□□□□□□□□□□□□□□□□
　　　　　　　　□□□□□□□□□□□□□□□□□□□□□□
　　　　　　　　□□□□□□□□□□□□□□□□□□□□□□
　　　　　　　　□□□□□□□□□□□□。
　　　　　　　　□□□□□□□□□□□□□□□□□□□□□□
　　　　　　　　□□□□□□□□□□□□□□□□□□。

【職　　歴】
平成00年00月～平成00年00月　　繁盛証券株式会社入社　○○支店営業部／営業職
平成00年00月～平成00年00月　　本社営業部・市場業務課／業務課広報担当係長
平成00年00月～平成00年00月　　○○支店・○○営業所に異動／営業所長代理
平成00年00月～平成00年00月　　○○支店・○○営業所に異動／営業所長

【職務内容】
■営業活動・営業統括
　　　・□□□□□□□□□□□□□□□□□□□□□□□□□□□□
　　　・□□□□□□□□□□□□□□□□□
　　　・□□□□□□□□□□□□□□□□□□□□□□□□□□
　　＜実績＞
　　　□□□□□□□□□□□□□□□□□□□□□□□□□□□□□
　　　□□□□□□□□□□□□□□□□□□□

■外務職員（代理店）の確保および教育訓練
　　　・□□□□□□□□□□□□□□□□□□□□□□□□□□□□
　　　・□□□□□□□□□□□□□□□□□
　　　・□□□□□□□□□□□□□□□□□□□□□□□□□□
　　＜実績＞
　　　□□□□□□□□□□□□□□□□□□□□□□□□□□□□□
　　　□□□□□□□□□□□□□□□□□□□

■顧客情報の一元的管理と活用システムづくり
　　　・□□□□□□□□□□□□□□□□□□□□□□□□□□□□
　　　・□□□□□□□□□□□□□□□□□
　　　・□□□□□□□□□□□□□□□□□□□□□□□□□□
　　＜実績＞
　　　□□□□□□□□□□□□□□□□□□□□□□□□□□□□□
　　　□□□□□□□□□□□□□□□□□□□□□□□□□□□□□
　　　□□□□□□□□□□□□□□□□□□□

■企業広報および販売促進企画
　　　・□□□□□□□□□□□□□□□□□□□□□□□□□□□□
　　　・□□□□□□□□□□□□□□□□□
　　　・□□□□□□□□□□□□□□□□□□□□□□□□□□
　　＜実績＞
　　　□□□□□□□□□□□□□□□□□□□□□□□□□□□□□
　　　□□□□□□□□□□□□□□□□□□□□□□□

POINT

- これまでの業務を分野別に整理して見出しをつけ、「職務内容」を簡潔に記していく。自分の志望に応じてメリハリをつけるのもOK。また経緯がわかりにくい場合は、冒頭に編年式の「職歴」を簡単に書き添えておくとよい。
- 「職務内容」に実績を添えると説得力が増す。場合によっては担当した期間なども加えると実力レベルがわかりやすい。
- キャリアが長い場合や職務内容が多岐にわたる場合は、「経験知識の要約」をつけることをおすすめする。

● 工夫で書く「フリースタイル」のフォーム例

職　務　経　歴　書

平成00年00月00日
加藤美由紀

＜業務関連の学歴＞
○○大学×××学部　□□□□□□□□□□□□□□□□□□□□
　　　　　　　　　□□□□□□□□□□□□□□□□□□
　　　　　　　　　□□□□□□□□□□□□□□
○○○スクール　　□□□□□□□□□□□□□□□□□□□□
　　　　　　　　　□□□□□□□□□□□□□□
　　　　　　　　　□□□□□□□□□□□□

＜職務経歴＞
平成00年00月～平成00年00月

| ＡＢＣ商事株式会社　エンジニアリング部 |
| （職種／営業事務） |
| ・各種商用文の作成、帳票作成・管理 |
| ・□□□□□□□□□□ |
| ・□□□□□□□□□□ |
| ・□□□□□□□□□□ |

→

●ＰＣ活用をマスター
　使用機種：Windows98～WindowsXP
　ソフト：Word, Excel, PowerPoint
　　　　　InternetExplorer
●輸出入書類作成の基本をマスター
　□□□□□□□□□□□□□□□□
　□□□□□□□□□□□□□□

平成00年00月～平成00年00月

| ＡＢＣ商事株式会社　国際事業部為替課 |
| （職種／貿易事務） |
| ・□□□□□□□□□□□□□□ |
| ・□□□□□□□□□□□□ |
| ・□□□□□□□□□□□□□ |
| ・□□□□□□□□□□□□□ |
| ・□□□□□□□□□□□□ |

→

●コレポン業務で語学スキルの向上
　□□□□□□□□□□□□□□□□
●外為手続きの基本をマスター
　□□□□□□□□□
●英文経理の基本をマスター
　□□□□□□□□□□□□□□□□
　□□□□□□□□□□□□□□

平成00年00月～現在

| アメリカントレーディング株式会社 |
| （職種／貿易事務） |
| ・□□□□□□□□□□□□□ |
| ・□□□□□□ |
| ・□□□□□□□□□ |
| ・□□□□□□□□□□□ |

→

●貨物種類による関税申告の知識習得
　□□□□□□□□□□□□□□□□
　□□□□□□
●通関士資格の取得
　□□□□□□□□□□□□□□□□
　□□□□□□□□□□

＜自己ＰＲ＞
□□□□□□□□□□□□□□□□□□□□□□□□□□□□□□
□□□□□□□□□□□□□□□□□□□□□□□□□□□□□□
□□□□□□□□□□□□□□□□□□□□□□□□□□□□□□
□□□□□□□□□□□□□□□□□□□□□□□

POINT
- 自分のセールスポイントがわかりやすく伝われば「編年体式」や「キャリア式」にこだわる必要はない。一般的なフォームと異なるものはセンスやＰＣ活用レベルの目安にもなる。
- 上の例のように読ませたい部分を取り出してクローズアップしたり、あるいはフローチャートや仕組み図などで視覚的に工夫がこらされたものは注目度もアップ。
- ただし、ひとりよがりでレイアウトが煩雑になりすぎたり見た目が悪いと逆効果。シンプルにすっきりまとめるのもコツだ。

3 職種別の選考ポイントを押さえることがカギ

■応募先研究にもスピードが求められる

「職務経歴書」に何を盛り込むべきかは応募先のニーズや採用条件によっても違ってくることはすでに述べた。採用担当者に「会ってみたい」と思わせるには、自分の職務経歴のデータの中から何を取捨選択するかがポイントになってくるのだ。

ある会社には評価されることでも、別の会社では何の価値もないことがある。それを的確に把握するには、応募先の会社の研究が欠かせない……。

しかし、それはあくまでも原則論。現実の中途採用への応募は新卒者の就職活動とは事情が異なり、ある意味でスピード勝負となる。たとえば週刊タイプの求人情報誌なら、発売日の朝に購入して、即、条件に合う応募先をチェック。その日の午後にはファーストコンタクトをとったり、翌朝には応募書類を投函するというのがよくある応募者の活動パターン。実際、採用担当者に聞いても、応募者の連絡は求人広告を出した日から3日間くらいが山。それ以上たってからの応募は出遅れ感があり、人気企業の場合は1週間足らずで応募が

締め切られるケースも珍しくない。

■同じ経歴でも応募職種で内容を変える

そんな慌ただしい応募活動の中で、じっくり会社研究をするのはむずかしい。応募先の企業を調べるには、通常は求人広告をよく読み込んだりインターネットを見るくらいしかできそうもない。

そこで、より重要になってくるのが応募職種だ。自分の職務経歴のデータの中から採用選考の評価ポイントに合うような項目を取捨選択してクローズアップし、即戦力になる経験やスキルをくわしく伝えたり、未経験なら応用できそうな知識や適性などを強くアピールしていく必要がある。

"コレだ！"という求人を見つけたら、スピーディに応募するため、「履歴書」と同じく「職務経歴書」も"まとめ書き"する人が少なくないが、その際も、あらかじめ応募職種に合わせたものを作成しておいたほうがベター。たとえ同じ事務職でも「一般事務用」と「総務事務用」など応募職種に合わせて内容も見直して、それぞれのキーワードになるような情報を加味しておこう。

職　務　経　歴　書

平成１５年１０月１４日
山岡亜紀

【希望職種】　経理スタッフ

【職務経歴】　平成１３年４月　株式会社オウミ通商入社
　　　　　　　　（貿易／資本金８０００万円／年間売上２０億円／従業員数１８０名）
　　　　　　　　　１ヵ月の新人研修で経営理念や会社組織、業務一般、簿記の
　　　　　　　　基本、ＯＡ端末操作、電話対応などのビジネスマナーを習得

　　　　　　　平成１３年５月　総務部経理課に配属
　　　　　　　　　◇伝票起票・伝票仕訳・伝票入力
　　　　　　　　　◇勘定管理（未払金・各費用・収益の勘定チェック）
　　　　　　　　　◇現金預金の出納・保管・取引銀行との事務取扱
　　　　　　　　　◇月次決算／中間決算業務
　　　　　　　　　◇年次決算業務補助（各銀行残高証明書の発行依頼・残高チェック
　　　　　　　　　　・未払管理ほか）
　　　　　　　　　◇損益計算書の作成

　　　　　　　平成１５年９月　株式会社オウミ通商退社
　　　　　　　　　会社の業績が急激に悪化し総務部縮小。経理のアウトソーシング化
　　　　　　　　が進む中で、これまでのキャリアを活かすため転職を決意。

【ＰＣスキル】　Windows98（Word、Excel）
　　　　　　　文書作成、データ集計、Excelはマクロ活用も可能。
　　　　　　　キー操作はブラインドタッチ。

【取得資格】　平成１５年３月　日商簿記検定２級取得

【自己ＰＲ】　経理課は実務を行うスタッフが４名と少人数だったこと、またベテランの経理
　　　　　　担当である先輩のＯＪＴのおかげで、基本的な業務はひととおり身につける
　　　　　　ことができたと自負しています。
　　　　　　経理は経営の根幹をなす必要不可欠な職務であり、大変やりがいのある仕事
　　　　　　です。また正確な数字を扱う仕事が自分の性格に合うと考え、長く取り組み
　　　　　　たく、新たに簿記検定２級も取得。現在は、１級にチャレンジすべく独学で
　　　　　　勉強をはじめたところです。
　　　　　　今までの実務経験を生かすと共に、すすんで新しい知識を吸収し、即戦力と
　　　　　　して御社の発展に貢献することで自分自身も経理のスペシャリストとして、
　　　　　　さらなるキャリアアップを図っていきたいと考えています。

● 事務職の職務経歴書には「ＰＣスキル」を必ず記述

POINT

- 事務職一般では「ＰＣスキル」、また貿易事務や秘書などは「語学スキル」の記述が必須。ＰＣスキルは、①使用経験のある機種やＯＳ、②使えるソフト、③入力スピードの３点を書くとよい。入力スピードは「１分間○×字」または「キー操作はブラインドタッチ可能」といった表現で可。
- ビジネスマナーの習得、書類作成経験の内容などのほか、経理事務・特許事務・貿易事務など担当する事務の専門分野の知識についてもくわしく書きたい。
- 日常業務以外に、オフィス環境の改善や業務効率化の提案など自発的に取り組んだことがあれば、その成果とともに具体的に記載するとベター。

●営業職は実績数字を特筆したい

職務経歴書

平成１５年９月１６日
清水貴史
（３０歳）

■希望職種／企画営業

■応募資格／営業経験７年間（オフィス機器）

■職務経歴／平成８年４月〜現在　株式会社サカタ事務機販売
（資本金１億８００万円／売上高６００億円／従業員数２０００名）

本社営業部 第２営業課 平成１１年４月 〜現在	＜平成１３年４月、第２営業課課長に昇進（部下２０名）＞ ・顧客のニーズを探るため、継続的な市場調査を実施して新規顧客開拓に貢献した。 ・新商品開発に関するアイディアを商品企画部に提案、その結果ヒット商品の開発につながった。 ・従来からのＯＪＴシステムの見直しと徹底により、営業課全体の専門知識レベルを深めた。同時に課内の情報の共有化を進め、顧客との密接な関係づくりを推進。営業課の安定的好業績を実現した。 ・３年連続で個人および営業課の売上目標を達成。
田町営業所 平成７年４月 〜平成１１年３月	＜平成１０年４月、係長に昇進（部下５名）＞ ・営業所エリア内の企業、商店への飛び込み営業からスタート。 ・２年間、連続で営業所トップの売上実績を挙げ「社長賞」受賞。 ・競合他社との営業戦に勝ち抜き、現在のエリア内重要顧客である３社（大手商社、出版社、広告代理店）を新規獲得した。

■ＰＣスキル／Windows98
　表計算：Excel98（グラフ、関数、マクロ作成経験あり。営業レポートなどを作成）
　ワープロ：Word98（オリジナル販促ツールなどを作成）
　インターネット：InternetExplorer5.5、Becky!2

■自己ＰＲ
　約７年にわたる営業業務の中でも、私がとくに得意としていたのは新規顧客の開拓です。「顧客開拓にノウハウなし」をモットーに、ただ熱意をもってさまざまな企業の担当者と面談していただき、誠意をもった提案を根気よく伝え続け、ご要望をうかがうことでより充実したサービスを提供することに努力してきました。
　その結果、多くのお客さまとの間に信頼関係を築き、そこから得た情報で喜ばれる商品の構想も生まれて業績につなげることができました。
　やりがいのある職場でしたが、もてる力を最大限に生かしてゼロから成果を導くことが営業の本領と思い、３０歳を機に、これまでとは異なる分野の営業現場で自分を鍛えたく転職を決意しました。創業間もない貴社で、会社と一緒に成長していくのが目標です。

POINT
●扱った商品やサービスの種類のほか、対象顧客の特色、また新規開拓かルートセールスかなど営業方式、担当地域や件数を書くのは基本。法人対象の営業では業界の説明、また場合によっては契約や受注に伴って担当する手続きなども説明したい。
●独自の工夫やアイデアの内容、また顧客管理、予算管理など身につけたノウハウを実体験を踏まえて簡潔に記載するとよい。
●また実績については、目標の達成状況、売上成績などをなるべく具体的な数字で記載するのがポイント。実力アピールのためには、社内の営業コンテストや報奨についても書き加えられれば有利。

● 販売職は商品や店舗スタイルも明記

＜職務経歴書＞

平成15年12月3日
成田圭子

＜志望職種＞洋書販売部スタッフ

＜職務経歴＞

職種経験	期間および担当業務
営業事務経験 4年間	平成8年4月～平成9年9月　アサイ書店取次株式会社・営業部勤務 事業内容：主に関東・東海の書店向け書籍取次 ◇書店からの受注業務（電話、ファックス、インターネットによる注文受付・パソコンへの受注データ入力・在庫管理・発送手配・料金授受および処理など）。 平成9年10月～平成12年3月　株式会社山手洋書・営業部勤務 事業内容：英国を中心とする外国書籍輸入・卸 ◇海外出版社への英語による発注、輸入書類作成、在庫管理など。 ◇受注事務（受付けから料金授受まで）。 ◇全国中・高等学校図書館向け販売営業サポート、書店向け新刊案内など販促活動。
販売経験 3年8ヵ月間	平成12年4月～平成13年9月　野島商事株式会社・ショップ勤務 事業内容：婦人服・婦人雑貨の企画・販売 ◇渋谷丸三デパートのインショップに配属。 ◇ヤング向け婦人カジュアル服の接客販売のほか、在庫管理、商品展示・陳列、顧客管理など。 平成13年10月～現在　アウトステージ株式会社勤務 事業内容：スポーツウェア・用品の企画・販売 ◇新宿本店・スポーツシューズ部門に配属。 ◇接客販売や在庫管理、商品展示、顧客管理など。 ◇ライセンス契約先のスポーツチームと連携した店内イベントの企画・運営。海外選手の通訳やアテンドも担当。

＜語学スキル＞
　TOEIC　735点（平成14年11月）
　実用英検検定準1級取得（平成14年3月）、来年1月に1級の受験予定。
　海外との電話コレポン業務、日常会話レベルの通訳は十分に対応できます。

＜PCスキル＞
　使用OS：Windows98
　使用ソフト：Excel、Word、Access、PowerPoint

＜自己PR＞
　人間の英知や文化、心を伝える媒体として書籍には従来から特別な思いを抱き、はじめての就職でも職業選択の以前に「書籍関連の会社」を希望。好きな英語を生かしたいと考え転職もしましたが、そこでの販促活動業務を通じて売場で働くことの魅力を痛感。以降は接客販売のプロを目指してきましたが、20代のうちに、より自分の嗜好にマッチした商品を扱って長く勤務できる職場を希望して転職を決意しました。
　洋書専門店である貴社の「英語に堪能な販売員を募集」との求人を拝見し、きっとお役に立てると考えて応募させていただきました。これまでの自分の経験やスキルを集大成して取り組むとともに、新人のつもりで貴社でキャリアを積みたく考えています。

POINT
- 取扱商品と対象顧客、訪問販売か店舗販売かなどを具体的に説明するのは営業と同じ。さらに店舗形態のほか商品特性、顧客層についても記載。とくにファッション販売の場合は、紳士向けフォーマルとヤングカジュアルでは接客ノウハウも違うだけに、扱う商品傾向の記載が必要。
- 接客業務以外にも催事企画、商品企画、売上管理、スタッフ管理などをアピール。また実績を具体的な数字で示す点は営業と同じ。前年比など、成績向上のプロセスを示すデータも記すとベター。
- 未経験の場合は対人適性がとくに重視されるので注意。接客経験やコミュニケーション力をイメージさせる後輩指導などの業務経験があれば、ぜひアピールしたい。

●接客サービス職は業種・業態も明示

職 務 経 歴 書

平成15年8月21日
川上　実

＜希望職種＞　新和風割烹「銀杏」スーパーバイザー候補

＜経歴要約＞　スーパーのデリカ売場運営と接客販売、またレストラン事業部では直営レストランのマネジャーを経験。約8年にわたり"食"の世界に携わってきました。経営視点に立った店舗のオペレーション企画と実行、スタッフ教育、顧客ニーズに合ったメニュー商品・サービス・内装や陳列の工夫、リピーター獲得のための販促活動や市場調査などの経験を貴社で生かしたく思います。

＜職務経歴＞
平成7年4月　　株式会社大友ストアに入社。
平成7年5月　　新人研修の後、荻窪店デリカ売場へ配属。
平成10年9月　　葛西店デリカ売場へ異動（売場責任者に昇格）。
平成12年9月　　大友グループ・レストラン事業部、直営レストランに転籍（マネジャー）。

＜職務経験＞

所属	担当業務および実績
大友ストア デリカ売場 5年4ヵ月	約2年半の荻窪店勤務の後、葛西店デリカ責任者に昇格（総勢14名） ＜担当業務＞ ◇在庫管理、仕入れ・発注業務、計数管理、スタッフの統括管理。 ◇インストア調理商品（約130品目）の企画、調理（和洋中）。 ◇売場構成、展示陳列・販促やPOPの企画およびSP部門との調整。 ＜実　績＞ ◇「産直素材のグルメ惣菜」と題し、旬の素材を生かしたインストア品目の充実を図り、売上増を実現。（平成8年対前年比30％増達成） ◇毎日来店しても飽きない季節感のある売場を目指し、行事関連商品の販売数では全国店舗有数の成績を達成。（土用のうなぎは全店1位） ◇「できたて丼」キャンペーンを定着させ、若い主婦、高齢単身世帯、また近隣企業の昼食需要を開拓して来店客数増に貢献。 ◇「デリカ・プラス・ワン」の献立提案で鮮魚・青物・日配などフロア間の商品ミックスを図って、全店レベルの売上拡大に貢献。
レストラン 事業部直営店 2年8ヵ月	大友センタービル、レストラン街直営店マネージャーに転籍（総勢50名） ＜担当業務＞ ◇予約管理・接客サービス・仕入業務・計数管理・スタッフ統括管理。 ◇サービスオペレーション・メニュー・内装の見直し企画・実施。 ◇顧客誘致のための販促戦略の立案と実行。 ＜実　績＞ ◇過不足ない味・サービス・雰囲気の追求で利益率向上とリピーター増に貢献。（グルメネット人気投票で平成13年に番外から7位に浮上） ◇パーティ需要喚起・レトランウエディング提案などのキャンペーンの成果があがり、過去最高の月間売上記録を4回更新。

＜自己PR＞
　外食業界におけるFC事業の可能性に期待し、これまでの経験をもとに新たなキャリア形成を考えて転職を決意しました。「共に歩む・共に繁栄する」という貴社の理念は、共に働くことが楽しい職場こそ好業績を生む底力……と考える私の信念と合致するとも考えました。傘下の企業さまのお役に立つことで、貴社に貢献できる人材に成長するのが目標です。

POINT

- たとえばレストランのサービス職でも個人オーナー店とチェーン展開のファミリーレストランでは仕事内容がかなり違う。業務内容を説明するうえでも勤務先の業種・業態を記すとよい。業務関連の専門知識や技術も、資格やコンテスト受賞などで示すと説得力が増す。
- 対象顧客の特性や人数規模、接客内容、また守備範囲について触れるほか、できれば営業職や販売職と同様に実績を数値で記載したい。
- 自分が工夫した接客方法はもちろんだが、上司や同僚との良好な関係や後輩指導といった協調性やコミュニケーション力、また企画力やマネジメント経験は未経験者の場合もアピールポイントになる。

職　務　経　歴　書

平成１５年６月２７日
高橋知美

■希望職種　　システムエンジニア

■職歴要約　　プログラマー（約２年間）として開発業務に従事した後、ＳＥとしてヒアリングから設計、テスト、納品、運用サポートまでを担当。海外技術者との共同作業の経験、および開発チームリーダーも勤めるなど約８年間にわたる開発経験が貴社事業に役立つと考え応募致します。

■職務経歴
　平成６年４月　　株式会社旭電子通信機械入社
　平成６年１０月　開発事業部システム開発課に配属
　平成８年９月　　システム開発課に異動
　平成１０年４月　株式会社ＡＢＣソフトサービス入社
　平成１２年４月　海外事業部に配属
　平成１４年６月　ソリューション事業部に異動

■職務内容
　①プログラム　　ＣＯＢＯＬ－Ｆ、ＡＮＳＩ－ＣＯＢＯＬ（ＩＢＭＳ／３６０）
　　　　　　　　　ＲＰＧ-Ⅲ（ＩＢＭＳ／３８）、ＡＳＳＭＢＬＥＲ（ＩＢＭＳ／３６０,３７０）
　　　　　　　　　ＪＣＬ（ＩＢＭＳ／３６０,３７０）、ＣＬ（ＩＢＭＳ／３８ＡＳ／４００）
　　　　　　　　　ＩＭＳ（ＩＢＭＳ／３７０）、ＱＲＹ（ＩＢＭＳ／３８ＡＳ／４００）
　②システム開発

為替予約システム （約１年、３０名）	社内ではじめてＨＩＰＯ部品化を適用。 ＣＯＢＯＬ、ＭＳ（約１５万ステップ）。
製品販売管理システム （約１年半、３５名）	海外事業投資先のシステム開発。 ＲＰＧⅢ（約２０万ステップ）。 構想計画は現地（タイ）、基本設計以降は日本で作業。
電子部品管理システム （約１年、２０名）	国内事業投資先のシステム開発（基本設計のみ）。 ＲＰＧⅢ（約１５万ステップ） 基本設計以降は現地社員が作成。
販売店ネットワーク システム	海外自動車販売会社のディーラー向け汎用システム開発。 開発チームリーダーとして参加。 実作業を担当する現地（フィリピン）技術者との連携。
顧客情報管理システム	クライアント・サーバー開発およびテスト。（ＡＣＣＥＳＥ,ＶＢ） サーバーＯＳ２、Ｎｅｔｗａｒｅ。
その他	ＣＯＢＯＬ－Ｓ　会計システムなどＰＣ小型案件。

■特記事項
　第１種情報処理技術者の資格取得（平成５年１１月）
　ＴＯＥＩＣ　７８５点取得（平成１５年３月）

技術職は専門技能のレベルを明確に

POINT
- 専門知識や技術のレベルがわかるように、携わった業務や作品の種類と自分の担当範囲、使用する道具や手法について記載する。たとえばコンピュータ関連職の場合は、使用機種・ソフト・言語を表組みなどでわかりやすく列記するとよい。
- プロジェクト単位の仕事は規模について記すのも大切。メンバーの人数・期間・自分の役割を記すとよい。
- もともと職務内容が専門的なので、すべてを詳細に書くと膨大なものになりがち。志望分野で求められる技術、アピールしたい技術だけに絞り込むなど、いかにコンパクトにシンプルにまとめるかもカギ。表などでスッキリ整理して表現するのもおすすめ。

職務経歴書

平成15年9月5日
竹村礼子

●制作職は表現の傾向についても触れる

【応募職種】　グラフィックデザイナー

【業務関連の学歴】
ジャパン・デザイナーズ専門学校のグラフィックデザイン課でデザイン技術や印刷の基礎知識、Mac操作知識を学ぶとともに、学校のアルバイト紹介制度を利用し、広告制作会社で実務体験をしました。卒業制作では白美化粧品と毎朝新聞社が協賛する「毎朝広告コンペ」に参加し佳作を受賞。当時の白美化粧品宣伝部担当とは貴重な情報交換をしています。

【職務経歴】

平成8年4月〜 平成11年9月	株式会社トップクリエイト ●サンライズビール夏のキャンペーン用販促ツール 　（基本デザインをもとにポスター、ちらし、POP、中吊りに展開） 　カメのキャラクターが注目を浴び、携帯電話ストラップ、ボールペンキャップなど紙媒体以外にも流用された。 ●三栄玩具のゲームソフトパッケージ、販促ツール。 ●大友グループ量販店、レストランの折り込みチラシなど。
平成11年10月〜 平成13年3月	暁アド・プラス株式会社 ●山手不動産会社のマンション開発に伴う販促ツール一式。 ●証券、酒造業界の企業情報誌、社内報、入社案内など編集物。
平成13年4月〜 現在	株式会社アルファエージェンシー ●松山電気の店頭配布季刊情報誌「家電チョイスニュース」。 ●松山電気、家電事業部の製品ポスター、パンフレット、ちらしなど。 ●トヨミ自動車販売の総合パンフレットほか。

【ソフト経験】

画像系ソフト	Photoshop、Illustrator
編集系ソフト	Director、QuarkXpress、InDesign
Web系ソフト	Dreamweaver、Flash

【自己PR】
はじめに勤務した制作会社のクライアントは柔軟な体質の会社が多く、「新人」にも多くのチャンスが与えられたために、早い時期からメインスタッフとして修業を積むことができました。その後、さまざまなクライアントの仕事を経験するべく転職。企業の担当者や代理店営業、また写真やイラスト、コピーなど専門職の方々との共同作業の中で、各業界ならではの嗜好やニーズも把握できるようになったと自負しています。
幅広いクライアントをもって多様なプロモーションを展開する貴社のクリエイティブ部門で、これまでの経験を生かし、より質の高いクリエイターをめざしたいと考えています。

POINT
- 感性や表現力が問われるので、書式スタイルにも注意。表やグラフ、フローチャートなどを上手に使うとプレゼンテーション力のアピールになるが、奇をてらったものはNG。できるだけシンプルにスッキリと。
- 意外と重要なのが好きな作品のタイプなど感性の方向性。携わってきた制作物の種類や作業の手法などと合わせて記すとよい。また使う道具・使える道具も技術力の目安になる。PCはソフト名も明記。また未経験者の場合は、学歴や資格などで基礎力を伝えたい。
- そのほか制作職はチームワークが多いため、上司・同僚との良好な関係や調整力、対人人脈などをアピールするとよい。

第6章

応募書類の提出

郵送か持参か、提出方法による留意事項もある

履歴書や職務経歴書を書いたらひと安心……というわけにはいかない。いくら立派な応募書類を作成しても、提出のしかたが常識外れでは台無し。たとえば「応募書類郵送」の場合と、「応募書類持参」の場合とでは使う封筒を変えるべきかなど、些細に思えてもあなどれないことが多い。

書類提出のしかたによって、すべきことはまだまだ残っている。

業界特性や求人の背景、また専任の担当者がいるかどうかなど
会社ごとの事情で選考手順は違い、求人募集への応募方法もさまざま。
それによって応募書類の位置づけや提出方法も変わってくる。
指示されたとおり場当たり的に対応するのではなく、
おおまかな流れを知って準備しておくことも応募活動のひとつだ。

●求人広告によくある応募方法

4
「Eメール応募可」
「電話またはメールにて連絡」

●選考の流れ

電話・メール連絡
↓
面接通知
↓
面接・採用テスト
↓
絞り込み

※面接結果と応募書類によって、総合評価が行われる。ケースに応じて2次、3次面接が行われることもある。

↓
最終選考・内定通知

POINT
IT系企業のほか、昼間の電話連絡を歓迎しないサービス業などに多い。最近は、個人情報保護のためEメールで履歴書・職務経歴書を送付する「メール応募」は減る傾向にあり、応募者としても避けたいところ。Eメールは応募連絡での活用をおすすめ。「メール連絡」の主旨は[3]とほぼ同様なので最低限の基本情報を提供する必要がある。

5
「WEBエントリー可」
「HPからも応募OK」

●選考の流れ

エントリーデータ送信
↓
選　　考
↓
面接・採用テスト
↓
絞り込み

※面接結果と応募書類によって、総合評価が行われる。ケースに応じて2次、3次面接が行われることもある。

↓
最終選考・内定通知

POINT
志望動機や自己PR、経歴など、WEB上のエントリーフォームの設問に従って記入したデータを送信する。これが一次選考になり、合格者に応募書類送付、または書類持参の面接が指示される。設問への回答は"応募書類"と捉えて書くことが必要だが、それで履歴書や職務経歴書が不要になるわけではなく、別途に求められるのが普通。

●その他のアプローチ

6
求人広告がない会社への書類送付
紹介者に書類一式を託す

●選考の流れ

書類送付・提出
↓
書　類　選　考
↓
面接通知
↓
面接・採用テスト
↓
総　合　評　価

※面接結果と応募書類によって、総合評価が行われる。ケースに応じて2次、3次面接が行われることもある。

↓
最終選考・内定通知

POINT
縁故紹介やスカウト、売り込みなど求人広告や一般の採用システムによらないケースでも履歴書と職務経歴書は必須。とくに求人広告をしていない会社への売り込みの際は、「その会社」を志望する動機を明確に記述することが必須。大量作成して複数の会社に送付したことが一目瞭然の書類では選考対象にしてもらうこと自体がむずかしい。

志望先の選考手順により違う提出方法

●求人広告によくある応募方法

1
「履歴書(写真貼)、職務経歴書を郵送のこと」
「履歴書(写真貼)を○月○日必着で郵送」

●選考の流れ

書類選考
↓
面接通知
↓
面接・採用テスト
↓
絞り込み

※面接結果と応募書類によって、総合評価が行われる。ケースに応じて2次、3次面接が行われることもある。

↓
最終選考・内定通知

POINT
専任の担当者がいない会社、また人員補充までに比較的余裕のある会社、採用人数が1名のみなど少数の場合に多い。いずれも最初の書類選考で相当数の絞り込みが行われるため、応募条件などにハンディがあればシッカリとカバーしておくことが不可欠。送付前に応募書類を再チェックしてミスのないように。

2
「Tel後、履歴書・職務経歴書郵送のこと」

●選考の流れ

電話連絡
↓
書類選考
↓
面接通知
↓
面接・採用テスト
↓
絞り込み

※応募書類と面接結果によって、総合評価が行われる。ケースに応じて2次、3次面接が行われることもある。

↓
最終選考・内定通知

POINT
応募条件に厳格な会社に多い。最初の電話連絡で簡単なインタビューが行われ、回答によっては応募を断られるケースもある。経験の概要、志望動機など相当に突っ込んだことを質問されるので、下書きレベルの履歴書は用意しよう。また電話での質問に選考のキーワードが隠されていることがあるので、その角度から応募書類を見直すとベター。

3
「Tel後、履歴書持参」
「まずは気軽にお電話ください」
「Tel後、会社説明会にお越しください」

●選考の流れ

電話連絡
↓
面接(会社説明会)
↓
絞り込み

※面接結果と応募書類によって、総合評価が行われる。ケースに応じて2次、3次面接が行われることもある。

↓
最終選考・内定通知

POINT
応募者を多く集めたい会社に多い。[2]と同様に電話連絡の際に簡単なインタビューが行われることもあるが、その時点での絞り込みはさほど厳しくない。結果、相当数の応募者が面接(会社説明会)に集まるため面接時間は短く、応募書類の内容確認程度になることもある。また面接後の総合評価では応募書類が絞り込みのキーポイントに。

1 〈郵送〉なら添え状をつけて定形封筒で

■履歴書用紙にセットされた定形封筒を使う

応募書類を郵送するときの封筒は、市販の履歴書用紙にセットされている定形サイズの封筒を使うのが基本。宛名などの書き方は左ページを参照。

応募書類はていねいに三つ折り、添え状・履歴書・職務経歴書の順に重ねて入れる。

なお市販の履歴書用紙（大抵はB5判）によっては、定形封筒のほかに履歴書が折らずに入る大封筒もセットされている。この大封筒は基本的に"持参用"だ。この大封筒を郵送に使えば郵送料が高くなり、採用担当者によっては、それを「コスト感覚のなさ」と感じる例もあるので要注意。

もし折らずに送りたいなら、A4判の職務経歴書も合わせて折らずに入る大封筒（角2形・白）がおすすめ。すべての書類をA4のクリアホルダーに納めたうえで大封筒に入れる。ここまですれば、「ていねいに扱っている」という意図も伝わり、印象も違ってくる。なお、その際は封筒の表書きには宛名のほかに「応募書類在中」と朱書きすることも忘れずに。

■「添え状」をつけるのはビジネス社会の約束

取引先などに書類を送るとき、送付書・送付案内・添え状と呼ばれる書面をつけた経験は誰でもあるはず。なぜなら、それがビジネス社会のマナーだからだ。応募書類を郵送するときも同じ。「添え状」は、つけて当然と覚えておこう。

フォームは、スタンダードなものでOK。白無地の縦書き便箋にていねいに手書してもいいが、最近は職務経歴書と同様にパソコンで書く人がほとんど。B5またはA4で1枚。ビジネス文書のひとつと考えれば、横書きのほうが自然とも言える。120〜123ページのケース別の実例見本を参照して、文面もなるべくシンプルに仕上げることをおすすめしたい。

よく志望動機などを書き連ねる応募者がいるが、長い手紙は読まれないし、選考の資料となる重要な事柄ならば「履歴書」や「職務経歴書」に記述するべき。重複して書く必要はなく、煩わしい印象を与えてしまうこともある。そのほか応募先による敬称のつけ方にも注意したい。

●封筒の書き方／宛名・敬称の書き方

●応募書類を郵送する場合の封筒の書き方

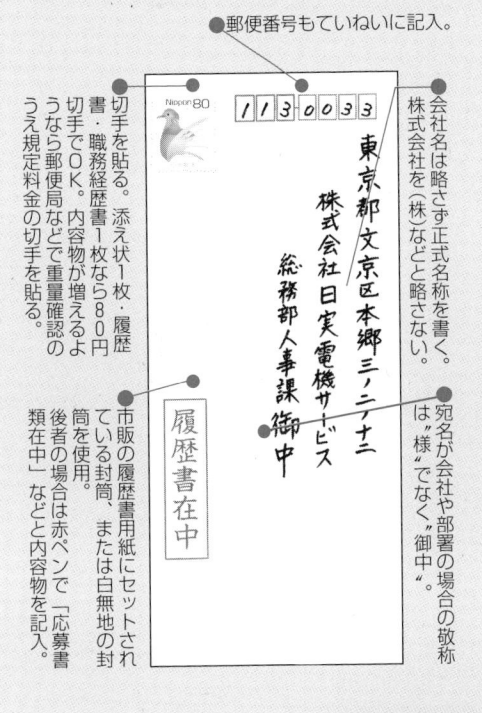

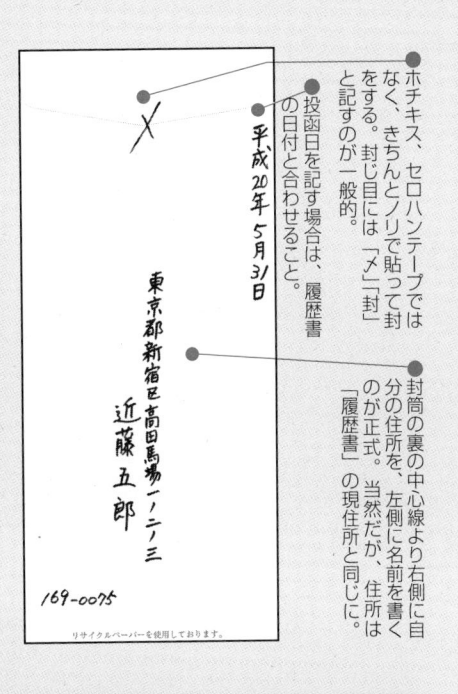

封筒表面の注意点：
- 郵便番号もていねいに記入。
- 会社名は略さず正式名称を書く。株式会社を（株）などと略さない。
- 宛名が会社や部署の場合の敬称は"様"でなく"御中"。
- 切手を貼る。添え状1枚、履歴書・職務経歴書1枚なら80円切手でOK。内容物が増えるようなら郵便局などで重量確認のうえ規定料金の切手を貼る。
- 市販の履歴書用紙にセットされている封筒、または白無地の封筒を使用。後者の場合は赤ペンで「応募書類在中」などと内容物を記入。

表面記入例：
東京都文京区本郷三ノ二ノ二
株式会社日実電機サービス
総務部人事課　御中
〒113-0033
履歴書在中

封筒裏面の注意点：
- ホチキス、セロハンテープではなく、きちんとノリで貼って封をする。封じ目には「〆」「封」と記すのが一般的。
- 投函日を記す場合は、履歴書の日付と合わせること。
- 封筒の裏の中心線より右側に自分の住所を、左側に名前を書くのが正式。当然だが、住所は「履歴書」の現住所と同じに。

裏面記入例：
平成20年5月31日
東京都新宿区高田馬場一ノ二ノ三
近藤五郎
〒169-0075

●応募先による敬称の表記

応募先	敬称
株式会社、有限会社などの一般企業	貴社
病院、医院	貴病院、貴医院
財団法人	貴財団
協会、組合	貴協会、貴組合
会計事務所、法律事務所など	貴事務所
学校、高校、大学	貴校
学院	貴学院
保育園、幼稚園	貴園
美容室、商店、個人事業主	そちら様、（屋号）様
塾	貴塾

●宛名敬称の表記

会社名・部署名	株式会社○○商事　人事部御中
役職名	株式会社○○商事　人事部長殿
役職がついた個人名	株式会社○○商事　人事部長　鈴木様
部署・役職不明	株式会社○○商事　採用ご担当者様
部署・役職不明の個人名	株式会社○○商事　採用ご担当　鈴木様

《直接郵送》の際の添え状（基本形）

平成20年10月7日

株式会社 山川商事
総務部人事課・人材マネジャー
甲斐光生様

〒223-0061
神奈川県横浜市北区日吉1-2-3
Tel./045-123-4567
E-mail/ tetsu_k@homemail.ne.jp
金井徹夫

貴社・営業職求人への応募の件

拝啓 爽涼の候、貴社におかれましてはご清栄の段、お喜び申し上げます。
　さて、この度は10月5日発行の求人情報誌「＊＊＊＊＊」に掲載されておりました貴社の求人広告を拝見し、さっそく下記の書類を同封し応募させていただきます。

　　　・履歴書　　　1通
　　　・職務経歴書　1通

　私は、貴社と同じ業界で2年間、法人クライアント向けの技術サービス職を担当してまいりました。営業職としての経験はございませんが、業界や商品全般の基礎知識、対人面の適性などをベースに新たな経験を積みたく希望しております。
　つきましては、ぜひとも貴社の営業職として採用選考の対象にしていただきたく、面接選考の機会を賜りますようお願い申し上げます。

　なお恐縮ですが、私は一人暮らしのため、面接に関するご連絡を電話で頂戴する際には、自動応答と録音にて対応する場合があることをご了承ください。ご用件を録音していただきましたら、必ず翌日午前中までに折り返しの確認連絡を差し上げます。Eメールによるご連絡の場合も、自宅設置のパソコンのため同様に対応させていただきます。なにとぞよろしくお取りはからいくださいますよう、お願い申し上げます。

敬具

POINT　ビジネス文書のような書式で書くのが一般的。紙面の上部に①発送日（履歴書の日付と揃える）　②宛先（封筒の宛名と揃える）　③発送人（現住所、電話番号は履歴と揃える）を入れたうえ、　④件名の見出しをつける。
　　また本文内容は、⑤簡単な時候のあいさつ　⑥求人情報をどこで知ったか　⑦希望職種や応募条件に合うことを伝える説明　⑧同封した書類名　⑨面接の依頼　⑩必要なら連絡について　⑪結語。履歴書や職務経歴書では書ききれなかった志望動機、自己PRなどを加えてもいいが、できるだけ簡潔に。

《電話後郵送》の際の添え状

平成20年9月17日

財団法人　環境を守る会
採用ご担当
小林玲子様

〒166-0003
東京都杉並区高円寺南1-23-4-567
tel. 03-1234-5678
坂本千絵

応募書類の送付について

拝啓
　時下、ますますご清祥のこととお喜び申し上げます。
　さて本日は、毎朝新聞掲載の貴財団「事務スタッフ求人募集」の件で、問い合わせをいたしました折り、小林様にはご多忙にもかかわらず親身にご対応くださり、貴重なお話もお聞かせいただきまして、ありがとうございました。心よりお礼申し上げます。

　応募条件の実用英語検定2級は未取得であることに関し、相応する英語力があると見なして選考対象としていただきました。深く感謝し、さっそく「履歴書」「職務経歴書」を同封しまして応募申し上げます。

　小林様より事務スタッフの業務概要や求められる要件などをうかがいましたことで、ますます貴財団で働き、お役に立てるようにがんばることで自分も成長したいという意欲が高まりました。
　ぜひとも面接の機会が与えられますことを願っております。どうかよろしくお願い申し上げます。

敬具

POINT　基本は右ページと同じだが、電話で問い合わせをしていた場合は、忘れずに書き添えたいのが応対に対するお礼。また問い合わせによって選考対象者としてもらったことは書いておいたほうがよい。さらに電話での会話によって、その企業で働きたいという意欲が高まったことを伝えるのもアピール効果がある。

● 弱点フォローを考えた添え状

平成20年7月14日

株式会社ファンファンハウス
総務部採用人事課御中

〒227-0062
神奈川県横浜市青葉区桜台1-2-3
電話　045-123-4567
山下文子

店長候補への応募の件

拝啓　時下、ますますご隆盛のこととお喜び申し上げます。
　7月13日付の毎朝新聞の朝刊で、貴社セレクトショップ「＊＊＊」の新規オープンに伴う店長候補の募集を拝見いたしました。
　ぜひ応募したく、「履歴書」と「職務経歴書」を同封申し上げます。よろしくご査収くださいますようお願いいたします。

　私は約10年間にわたるファッション販売の経験があり、1店舗で副店長、3店舗で店長を担当してきました。20代女性を中心顧客とする「＊＊＊」の一員としては、若干、年齢が高めであるかもしれませんが、直近の職場を含む、これまでの3社・5店舗ではヤングカジュアル、また20代キャリア層を対象としたブランドを得意な商品分野としてきました。
　詳細は職務経歴書に記しましたが、売上貢献や後輩指導などの実績を評価され、複数の社内褒賞も拝受してまいりました。その点をご考慮くださいまして、選考対象としていただけますと幸いでございます。

　一過性のトレンドとは異なる、独自のテイストによる貴社の「＊＊＊」の展開には従来から深い関心を抱いております。これまで培った実績をベースにしながらも、新人の気持ちで取り組み、オープンスタッフの一員として貢献できるようにがんばりたく考えております。なにとぞ面談の機会を賜りますよう、よろしくお願い申し上げます。

敬具

POINT　応募者が多い会社では、最初の書類選考で応募条件に合わない人を機械的に落とす例も多い。そのため添え状で、その弱点を自分から申告してフォロー。マイナス面を補う経験や実力、熱意などを簡潔にまとめることが大切。
平成19年10月以降、求人募集の年齢制限は原則禁止。年齢制限がなくても、自分が年齢的に不利と思えば、応募先の情報を調べたうえでフォローしておくことが大切。

● 求人をしていない企業への添え状

平成20年6月2日

株式会社古賀グラフィックス
人事ご担当者様

〒153-0063
東京都目黒区目黒 1-2-3 ホワイトテラス 45 号
電話　03-1234-5678
Ｅメール　hiratshi@homemail.ne.jp
平田利之

Ｍａｃデザイナー採用募集に際してのお願い

　拝啓　時下、貴社におかれましては、ますますご発展のこととお喜び申し上げます。
　私は、ぜひ貴社でＭａｃデザイナーとして勤務したく願っている者です。昨年４月に「毎朝net」に掲載されていた求人情報を拝見いたしましたが、それ以降、貴社がとくに求人募集をされていないことを存じあげながら、不躾にも書類を郵送いたします失礼をご容赦ください。

　私が貴社名をはじめて拝見したのは、＊＊大学美術学部在学中でした。コンピュータグラフィックスに興味を抱き、卒論テーマには「グラフィックスとＤＴＰ」を選びましたが、その際に貴社がエディトリアルデザインを担当していらっしゃる「Ｍａｃグラフ」を参考資料としたのがきっかけです。全ページにわたる構成の斬新なビジュアル展開やデザイン細部の緻密さに強くひきつけられました。

　現在は広告制作会社にて、各種媒体の広告デザインを中心に、企画プレゼンテーションからＤＴＰまでを担当しております。就職から４年の実務経験を通じ、ひと通りのグラフィックソフトの活用技術も身につけてきましたが、従来からの希望であるエディトリアル系の業務に携わりたいという思いが膨らんでおります。

　つきましては、今後、貴社でＭａｃデザイナーの補充など採用募集の機会がございましたら、ぜひとも選考対象の一人に加えていただきたく、勝手ながら「履歴書」「職務経歴書」および最近の作品の一部を縮小プリントにて同封させていただきます。

　誠に唐突で恐縮の限りですが、どうかご寛容くださいまして、採用募集の際には応募チャンスを頂戴したく、よろしくご連絡を賜りますようお願い申し上げます。
　末筆で失礼ながら、貴社の繁栄を心よりお祈り申しあげます。
敬具

POINT　本文では、まず誰が何のために送付した書類であるのかを記述。同時に唐突なコンタクトの非礼を詫びて誠意やマナーも表わしたい。そのうえで「なぜその会社に応募したのか」という経緯や理由を説明し、入社を希望する熱意を伝える。特別な配慮を期待するのはＮＧ。応募先の都合に合わせてチャンスを与えてほしい旨をお願いするほうが結果につながりやすい。

2 応募連絡のメールは基本情報の提供が必須

■非常識なメールには返信がこないことも

いまや連絡ツールのひとつとして市民権を得たEメール。それだけに、多くの求人企業が電話と並行してEメールでの「応募連絡」や「問い合わせ」を受け付ける例が増え、求人広告にもメールアドレスの記載が目立つようになってきた。

とはいえ、まだ求人企業に向けたEメールの書き方についてはマニュアル的なものが浸透していないため、どのように書いたらよいか迷う転職希望者が多い。実際、あるコンピュータ関連企業の人事によれば、「メールによる応募連絡の書式スタイルや文面は応募者によって千差万別。あまりにも非常識なメールには返信しないこともある」と言うが、逆にきちんと要領よくまとめられたメールをくれた応募者は、それだけで高い実務力があることがわかって好印象を抱きそうだ。

■基本的な考え方は電話とまったく同じ

まず重要なのは、件名タイトル。1日に100通単位でEメールの送受信をする企業も少なくない。採用担当者にしてみれば、ズバリと内容がわかれば処理しやすい。また本文も簡潔さが第一。「拝啓」や時候のあいさつなど儀礼的な文章は省略してOK。長文の自己PRも応募連絡では避けたほうが無難。読みやすくすることに「配慮して箇条書きにしたり、文字バケを防ぐために機種依存文字、半角文字などは使わないようにしたい。

もうひとつ避けたいのが書類を添付すること。少し前までは、Eメールに履歴書や職務経歴書を添付した「メール応募」もよく見かけたが、個人情報が漏れる危険があること、OSやソフトが違うことで添付ファイルが開かないトラブル、ウイルス感染の予防などを理由に廃止した会社が多い。「応募連絡」の場合も、添付ファイルのあるメールは歓迎されないことを知っておこう。

そのほか在職中の会社のドメインネームが入ったアドレスを使うのも非常識。もし個人のパソコンやアドレスがない場合は、「ホットメール」などWEB上の無料電子メールサービスを使うのも方法。これならインターネットカフェなどのパソコンからでも送受信可能だ。

Eメールによる応募連絡と問い合わせ

```
[送信]  [添付]  [下書き保存]  [キャンセル]  [アドレス帳]

宛先： info-saiyo@nichijitsusystem.co.jp
Cc  ：
件名：「毎朝Net」SE求人への応募問い合わせ
                                        署名： [なし ▼]
```

株式会社日実システム
採用ご担当者様

突然のメールにて失礼致します。河野太郎と申します。
求人公開サイト「毎朝Net」で貴社のSE求人を拝見し、
貴社HPも閲覧させていただきまして、
自分の志望に合い、また経験や技能がお役に立つと感じ、
ぜひとも応募したく希望しております。
それに当たりまして下記の疑問があり、
勝手ながら当メールにて問い合わせをさせていただきます。
なにとぞご検討くださいまして、選考対象となるようであれば、
必要書類や面接日時等のご連絡を賜りたくお願い申し上げます。
なお、大変お手数ですが、もし対象外となった場合も
ご回答の返信を頂戴できると幸いでございます。

■問い合わせ2点■
(1) 内定後の入社までの期間について
現在、私は在職中です。選考によって内定を頂戴した場合、
入社までに2カ月程度のご猶予をいただきたく考えております。
こうした応募者は選考対象となるでしょうか？
(2) 配置・配属について
長期にわたる遠隔地での勤務が困難な家庭事情があります。
求人広告に「出向勤務あり」とございましたが、
貴社の場合、そのような事情を考慮して通勤可能な就業地への
配置・配属を決める余地やしくみがございますでしょうか？

■自己紹介■
河野太郎（コウノ　タロウ）　／満26歳
東京都大田区在住／経済学部（経営情報専攻）卒業
＜職歴要約＞
2005年に現職場に新卒入社、約3年半のSE経験を積む。
大手製造業の生産管理システム開発を中心に手がけ、
現在はWeb受発注システムなどBtoBサイト構築の
基本・詳細設計も合わせて担当。
案件により、チーフとして環境条件調査や設計を統括するほか、
開発リーダーを補佐して費用見積・納期管理・品質管理、
また運用試験までの全行程に携わる。

■連絡先■
携帯電話／　090-1234-5678
メールアドレス／　kouno_taro@freemail-by-bule.ne.jp

POINT　ひと目で内容がわかるような「件名」をつける。また文面内容の考え方は、電話で応募連絡をするときと同じ。電話ならば応募条件に合うかどうかや経歴などを聞かれるのが普通なので、それを想定して必須情報を提供することが基本。なるべく簡潔にするのが望ましく、できれば箇条書きにする。個人情報の記載は必要最低限でかまわない。面接日時についての希望があれば、それも書き添えてよいが「この日時がいい」といった勝手な指定はNG。「できれば月曜日以外で」とか「在職中なので、平日ならば午後6時以降にお願いできると幸いです」などと書く。

3 持参による提出では後フォローが重要

■ むき出しで提出するのは印象が悪い

応募書類持参での面接や会社説明会。そのとき気をつけるべきは応募書類の提出の仕方だ。むき出しで手渡す応募者は、どうしても粗雑な印象を与えがち。市販の履歴書用紙の種類によっては、通常の定形封筒のほかに履歴書が折らずに入る大封筒がセットされているのでこれを使う。

もしついていなければ定形封筒でもよいが、できれば履歴書が折らずに入るサイズの白無地の事務用封筒に入れて提出するほうがベター。当然だが、前職場や在職中の会社の社名が入ったものなどを使うのはNGだ。封筒の中身は、添え状、履歴書、職務経歴書の順番で入れる。封筒の表、裏ともに無記入。糊などで封をする必要もない。

手渡すときは、封筒の表面を上に、開封口を自分のほうに向けて「応募書類です。よろしくお願いします」などと言葉を添える。

■ 面接後の礼状でダメ押しのアピール

転職希望者の多くが誤解しているのが、面接にかけてもらえる時間のこと。じっくり話せば自分のよさをわかってもらえる……と考えているのだ。いつも書類選考で落ちて面接にたどり着けないから「応募書類持参の面接」の会社を選んだ……という話もよくある。しかし、この考え方は間違い。

面接では筆記テストや適性テストなども行われるため、実際に採用担当者と面談する時間はわずか20分未満という会社が圧倒的多数。ましてや先に書類選考がある場合に比較し、この「応募書類持参の面接」では面接を受ける人数が多いために、1人10分未満という例さえある。

ザッと履歴書の内容確認をするだけで面接が終わることも珍しくない。自己アピールどころか、印象が薄ければ名前さえ覚えてもらえないだろう。結局は面接後の応募書類で絞り込まれるわけだ。

そこで、おすすめしたいのが面接後のフォロー。帰宅したら、即時に「礼状」を書き投函する。これはタイミング勝負だ。採用選考が終わったころのていねいな封書では無意味。ハガキでも、すぐさま礼状が来た応募者に対するインパクトは強く、かなりのプラス効果が期待できるはずだ。

●面接後の礼状の書き方

■基本パターン

拝啓
　時下益々ご清祥のこととお喜び申し上げます。
　この度は、貴重なお時間をさいて面談をしていただき、誠にありがとうございました。
　これまで総務として経験を積んでまいりましたが、実際に面接を受けるまでは異分野の食品メーカーで自分の知識・経験がどれほど通用するか、どれほど貢献できるかという若干の逡巡がありました。しかし、面接で高田様のお話をうかがいまして、今後はコンプライアンス部門やＩＲに力を入れたいとの貴社・総務部方針を実感でき、私がこれまでに培ってきた企業法務知識や広報関連のキャリアが、きっとお役に立つはずであると自信を持った次第です。
　また「顧客満足」を第一義とする社是の徹底も知り、ぜひとも貴社の一員として仕事をしたいと一層強く願うようになりました。
　面接の結果はお電話をいただけるとのことで、よいお知らせを頂戴できますことを切に願いまして、ご連絡をお待ちしております。
　末筆にて失礼ながら、貴社の益々のご隆盛と高田さまのご健勝をお祈り申し上げます。
　　　　　　　　　　　　　　　　　　敬具
　　　　　　　　　　　平成１５年１２月１５日
　　　　　　　　　　　　　　　　　遠藤直也

POINT
まず①面接の機会を与えられたことに対する感謝を伝えるのはマナー。そのほか入れる要素は、②採用担当者の話を聞いたことで改めて入社意欲が高まったこと　③自分が評価されると思われる点のプッシュ　④採用されたら自分がどのように貢献できるかの自己アピール　⑤末尾のあいさつ。
ちょっとしたことだが、文中に採用担当者の名前を入れるのもコツ。

■変形パターン

拝啓
　時下益々ご清祥のこととお慶び申し上げます。
　この度は面接をしていただきありがとうございました。家庭の事情による時間変更をご承諾いただいたばかりか、お見舞いの言葉まで頂戴し、深く感謝し、また感激いたしました。
　さらに面接では未経験であることに加え、不勉強のために質問が多くなってしまいましたが、ていねいなご教示をいただき心からお礼申し上げます。今回の面接での星野様のお人柄を通じ、貴社の誠意ある経営姿勢に触れた思いがいたします。面接で伺った仕事内容も、まさに私の願っているとおりのものでした。ぜひとも貴社で、これまでの経験を生かしてキャリアを積みたいと意欲を燃やしております。
　直前の時間変更により、ご迷惑をおかけしたことを心よりお詫び申し上げますとともに、これを挽回してお役に立てるチャンスを賜りたく心よりお願い申し上げます。
　末筆ながら貴社のご繁栄と星野様のご健康をお祈り申し上げます。
　　　　　　　　　　　　　　　　　　敬具
　　　　　　　　　　　平成１５年９月１０日
　　　　　　　　　　　　　　　　　生田真美子

POINT
基本は踏まえながら、面接の際やその前後に何か自分を印象づけるような出来事があれば、それを加えるのも効果的。面接時間の変更などもよくあるが、面接の機会を与えられたことに対する感謝とともに、時間変更に対する謝罪の気持ちを記すことで誠実さが伝わる。そのうえで自分の目標や入社意欲を書いてくる応募者には真摯なイメージを抱く。

4 増加しているサイトからのWEB応募

■転職サイトを活用すると複数応募もラク

「WEB応募」とは、文字どおりWEB上に設けてある応募フォームによって求人企業へアプローチすること。従来はIT関連業界や技術者の求人でよく活用され、企業のホームページの中に独自のしくみが設けられている例などもあった。

しかし、最近は一般企業、また応募者たちの間にもインターネットが普及。「転職サイト」の増加によって、あらゆる業種業態・職種の求人で応募形態の一画を占めるようになってきている。今は「WEB応募」といえば、転職サイト活用の代名詞とも言えるだろう。

この方法のよさは、何と言っても簡便さだ。応募フォームに入力した情報は、転職サイト内に保存できる。応募先による編集アレンジもできるので、必要な情報を1回入力すれば、複数企業への応募も容易だ。しかし、そうした便利さの分だけ、WEB応募は過当競争になりがち。選考の第一段階で、相当数の絞り込みが行われるので、そこを通過できるだけの内容に配慮することが大切だ。

■入力の際は後に提出する書類のことも考慮

応募フォームは、転職サイトまたは求人企業により異なるものの、送信データの基本的な内容は、左ページのとおり。情報を求める設問に空欄を作らず回答するのがキホンだ。また心がけておく必要があるのが、後に提出する応募書類のことだ。「これだけ詳細な情報を送るのだから、履歴書など不要だろう」と考えるのは間違い。WEB応募はあくまでファースト・アプローチでしかないのが一般的。ここをパスした応募者には、履歴書や職務経歴書の提出を求める企業がほとんどだ。

応募フォームへの入力は、休日でも深夜でも都合のいいときに自宅でできるが、パソコン画面に向かって場当たり式に文面を考えていくような方法はNG。あとで提出する応募書類と内容に齟齬を生じやすく、信頼性を損なうキケンもあるからだ。おすすめしたいのは、事前に履歴書や職務経歴書と合わせて下書きを作成すること。パソコンでテキスト形式の文書にしておけば、コピー&ペーストで効率的に入力でき、ログイン時間も短縮できる。

●転職サイトのWEB応募の手順

応募フォームの入力画面
最近は求人情報の提供をはじめ、希望条件に合う求人の検索サービスなども行ってくれる「転職サイト」が無数にある。多くのサイトに「WEB応募」のしくみがあり、見つけた会社に直接アプローチも可能。いずれも画面上でデータを入力し、指示に従って送信する

▼

パーソナル情報の入力
氏名・フリガナ/生年月日・性別/郵便番号・現住所・自宅最寄り駅/最終卒業学校名・卒業年月/配偶者の有無・扶養家族数/現在の勤務状況・採用後の勤務開始可能日/連絡用Eメールアドレス・自宅電話番号・携帯やPHS番号など

▼

志望関連情報の入力
志望職種・希望雇用形態/志望動機/自己PR/本人希望など

▼

資格・スキルの入力
語学スキル(所持資格とレベル)/パソコンスキル(使えるソフトとレベル)/所持資格/その他業務関連スキルなど

▼

職務経歴の入力
勤務経験の有無/これまでの勤務先別の会社名・業種・雇用形態・入退社の年月(選択)/その会社での職種・担当期間・職務内容/給与額など

▼

入力内容確認
入力が完了すると入力したデータが一覧され、送信前に確認や訂正ができる

▼

送　　信
転職サイトの場合は入力したデータの保存が可能で、ほかの会社へ応募する際も改めて入力の必要がないので便利。保存したデータをアレンジして複数の企業への応募も簡単にできる

●転職サイトの応募フォームの例

志望動機 [ヘルプ]

自己ＰＲ [ヘルプ]

正社員
契約社員
アルバイト

希望雇用形態＊ ▼下記より選択

希望職種＊

希望勤務地＊

本人希望欄 [ヘルプ]
給与・通勤時間などについて希望があれば記入

語学スキル
- ■TOEIC　　　点　　■TOEIC取得年
- ■TOEFL　　　点　　■TOEFL取得年　　▼下記より選択
- ■英検　　　点　　■英検取得年
- ■その他の語学ライセンス [ヘルプ]

パソコンスキル
使用可能なソフトのみレベルを選択
- ■WORD　　▼レベルを選択
- ■EXCEL　　▼レベルを選択
- ■POWER POINT　　▼レベルを選択
- ■ACCESS　　▼レベルを選択
- ■Quark Xpress　　▼レベルを選択
- ■Illustrator　　▼レベルを選択
- ■Photoshop　　▼レベルを選択
- ■その他パソコンスキル

POINT どの転職サイトも応募フォームの記入法自体はわかりやすい。空欄を作ると次の画面に進めないシステムになっているなど、選択式のものを除くとすべての項目に対して回答していくしくみになっているものが多い。書き方で迷うのは「志望動機」や「自己ＰＲ」など自由記入式の欄。欄の内部はスクロール可能で長文にも対応できる。あまり短いと熱意不足と受け取られがちだが、長すぎると読まれない。履歴書や職務経歴書を参考にしながら150〜200字程度でまとめるとよい。

●応募フォームの職務経歴の書き方

■職務内容の記入例

```
■上記の会社での担当業務

担当職種      ▼下記より選択

担当期間      開始：西暦  ▼下記より選択 年  ▼下記より選択 月から
              終了：西暦  ▼下記より選択 年  ▼下記より選択 月まで

職務内容      [                                        ]

給与額        [                    ]   例）月給20万円（年収260万円）
```

POINT 自由記入の欄の基本的な書き方のポイントは右ページで述べたが、とくに注意したいのが「職務経歴」だろう。転職サイトによっては上のように担当期間別の自由記入欄で職務内容を文章にしていくものがある。志望職種に役立つことをクローズアップしたくても、どうしてもダラダラとした印象を与えがち。下の例を参考に■や◆、●などの記号を上手に使って読みやすくまとめるのがコツだ。

●一般事務から経理を志望する

> 東京営業所（5名）で、電話応対業務や書類作成など一般事務業務のほか以下の業務経験があります。
> ◆経理補佐（経理ソフト"大繁盛"活用・振替伝票の起票・入力・仕訳・小口現金管理・現金出納簿記入・営業所予算編成資料作成）
> ◆給与計算（勤怠チェック・社会保険事務も含む）

●輸入雑貨営業から販促会社営業を志望する

> 卸会社や販売店など20社のルートセールスを担当。
> ■とくに取引先の販促関連業務のフォローに努力。
> 「陳列ワゴンの企画・貸与運用」「季節のセールイベント年6回の企画・実施」「クォーク活用による店頭ＰＯＰの自作と提案」など。
> ■ユーザー視点で取引先に提案を行うことで、担当した15の新商品すべての売上目標を達成。

5 「履歴書」「職務経歴書」以外の提出物もある

■自己PR書と添え状の違いに注意しよう

WEBの応募フォームには「自己PR」の欄がよくあるが、最近は「履歴書」「自己PR書」とは別途に、応募書類として「履歴書」「自己PR書」を求める会社も見かけるようになった。通常、自己PRは「職務経歴書」の中で書くが、提出を求められた場合は独立したものを作成する必要がある。

気をつけたいのは、こうした場合の「自己PR書」はあくまで「応募書類」であるという点。よく「添え状」と混同して、季節のあいさつ文や面接予約などを盛り込む応募者がいるが、これは間違い。「添え状」とは別に、134～135ページの実例見本を参考に「自己PR書」を作ろう。

■作品提出が経験や実績の裏づけになる

また、職種によっては文書以外の提出物もある。とくに企画系や制作系の職種では、作品や企画書・提案書の提示を求められることが多い。それらが発想力や技術レベルの判断、また経験や実績の証明としても格好の材料になってくるからだ。

たとえばデザイナーの場合ではアパレル系なら絵型、グラフィック系なら携わった広告などの現物、工業・工芸系ならパースや写真など……。建築・インテリア系ならパースや写真など……。

提出・提示の方法は「面接時にこれまでの作品を持参」というのが普通だが、求人企業によっては課題テーマを設定し、それに沿って新たに作成したものを求められるケースもある。この方法でよくあるのは企画書の提出。販促担当者の求人への応募に「新作映画の邦題案と宣伝企画書」を求める映画配給会社、商品開発部スタッフへの応募に「新しいお弁当メニューの企画書」を求める惣菜会社、企画担当者への応募に「既存情報系サイトに加えたい新機能提案書」を求めるIT関連企業などの例が見受けられる。

留意しておきたいのは、このような作品・企画書の提示が定着している職種の場合は、求められなくても面接時に作品ファイルなどを持参する応募者が少なくないこと。ライバルとの競争に勝ち抜くには、あらゆるチャンスを有効に使って自分を売り込んでいく熱意も大切だ。

●作品や企画書の提出・持参の際の注意点

見せる数は多すぎてもNG

分野にもよるが、これまでの作品を見せるなら、応募先に安定した実力レベルを示す意味でも、ある程度の数は必要だ。たとえば広告デザイナーならば、雑誌広告やリーフレット、パンフレットなどが最低でも各3～4点はほしい。絵型、あるいはディスプレイ作品の写真などの場合は最低でも7～8点ほど。しかし、ただ多ければいいと思うのは間違い。ひとつの担当商品で季節ごとのバリエーションを見せたり、複数の媒体展開を見せられるようなものは数が少なくても任されていた実績アピールになる。逆に、テーマを与えられて企画書などを提出する場合は、指定がない限り1点に絞り込むのも自信の表れになる。

見せる作品を選ぶことも大切

職務経歴書の場合はキャリアの長い人がよく"自分史テンコ盛り"をしてしまうが、作品を選ばず持参するのはキャリアの浅い応募者に多い。作品の絶対数が少ないので、数を増やすためにあらゆるものを動員するせいだろう。だが、立派な作品でも志望と無関係なものの提出は無意味。むしろ応募先と同分野の基礎レベルを示す作品、あるいは応募先で取り組みたい分野の作品を選んでを提示するべき。何のために作品提示を求められているのかを忘れないことが大切。

見せ方次第で評価が変わる

絶対に避けたいのがスケッチやイラストの原画、写真などをまとめて大封筒に入れて持参する方法。粗雑に扱うと、作品の善し悪しに関係なく仕事姿勢を疑われてしまう。おすすめは、1点ずつ台紙に貼ってノート型のクリアーファイルのポケットに1作品を収めるやり方だ。これは小型の印刷物なども同じ。ポスターやパースなど大きいものはボードなどに貼るのが一般的だ。また企画書や提案書も少枚数を見栄えよく綴じるプレゼン専用の市販ファイルやカバーを利用するとベター。

■派遣ユーザーサポート ▶ OAインストラクター

＜自己ＰＲ書＞

平成１５年１０月６日
伊藤順子

　パソコン入門者から「アイコンをクリック」を「大根をグリグリ？」と聞き直されたのが、ユーザーサポートとして最初に体験した失敗でした。以降、初心者から技術者レベルのユーザーまでを対象に、言葉の使い方を含め、いかに的確でわかりやすい説明をするかを最も大切な課題として努力。派遣先である大手ソフト開発会社でも評価され、更新を重ねて勤務してきました。

　もともと人にものを教えることに興味を感じていたので、学生時代は２～３年次にアルバイトで塾講師を経験。勤務先は有名校合格率を誇る受験塾で、毎週末テストの受講生の成績次第で講師交替される厳しさがある半面、１０～２０人の受講生の一人ずつの理解度に気を配って指導目標を達成する緊張感が快く、何よりも受講生から「ありがとう」と言われることが喜びでした。

　大学卒業後は希望に合う勤務先と出合えず、派遣スタッフとして複数の業務を体験。そのお陰で、コンピュータ操作技能の指導という仕事を見つけることができたと考えています。同じ指導であっても、ＯＡインストラクターはこれまでのように電話で行う問題対処型の個人指導とは異なって、より体系的なコンピュータ関連知識・技能、また指導技術が求められると思い、改めて勉強もはじめています。「ていねいな指導」で定評のある貴校でキャリアを積むことで、プロのＯＡインストラクターを目指したく応募いたしました。

貴校での目標

●人に教え、喜ばれる仕事に誇りとやりがいを感じるだけではなく
　サービス業であるとの自覚をもって日々の業務に取り組みます。

●お客さまの理解度に配慮する注意力・洞察力を磨き、
　お客さまが楽しさを感じ成果を自覚できる指導の研究を心がけます。

●常に自分自身のスキル向上と知識習得に励み、
　高レベルの指導、また最新機種・ソフト指導のニーズに応えます。

POINT　中途採用者の場合、実務スキルと同様に求められているのがヒューマンスキル。これを見るのが「自己ＰＲ書」の狙いのひとつだ。ヒューマンスキルとは、粘り強さなど仕事への取り組み姿勢や目標達成意識の高さ、協調性や柔軟性、向学心・向上心、コミュニケーション力、調整・交渉力、指導力やリーダーシップ、情報収集力、判断・決断力、発想力や表現力など。教育訓練で一朝一夕に身につけることができない分だけ、評価されたときのパワーは大きい。
必要なヒューマンスキルは応募職種や会社により違うが、業務遂行の"底力"とも言えるもの。エピソードなどを交えて書くと説得力があり効果的だ。

●「自己ＰＲ書」の書き方

■広告代理店の営業 ▷ メーカーの商品開発職

● Ｂ５またはＡ４サイズの用紙１枚に横書きするのが普通。

● 職務経歴書と同様に、文書名、提出日、氏名を記入する。

自己ＰＲ書

平成１５年９月４日
山本真紀

　「どんな素晴らしい製品も開発しただけでは社会貢献は果たせない。売ってお客さまに届けることではじめて製品が生きてくる」。これは８年前、商品開発職を希望して新卒入社した化成品メーカーで上司に言われた言葉です。

　同社では営業を経て、２年間宣伝担当を経験。その後、前職場である広告代理店に営業職として５年間勤務し、化粧品・服飾・食品などメーカーを中心に１７社の顧客企業を担当しました。その間、この言葉を忘れることはありませんでした。流通関連やエンドユーザーの調査などを通じ「この商品は知らない」と言われることはメーカーにとって致命的な打撃だと思ってきました。

　広告代理店では、マーケティング調査をもとに広告宣伝企画やイメージ戦略の提案を行うことで顧客企業に信頼され、結果として営業成績もアップして計４回の優績者表彰を受けました。その一方で、調査結果を顧客先の開発部門担当者たちにも伝えていくことで、間接的に新製品誕生にも役立つことができたと自負しております。とりわけ化粧品に関しては、大学で化学を学んだことや過敏肌であるという個人的な事情もあり、顧客先の研究者の方々と深く交流。低刺激スキンケア商品「○×」の開発プロジェクトに参加しました。

　商品開発職は未経験ですが、開発から販促まで広域の守備範囲を持つ貴社の化粧品開発事業室であれば、これまでの経験を少しでも役立てることができるのではないかと考え応募しました。貴社で専門職として、社会に貢献できる素晴らしい製品を生み出していくことが将来目標です。

私のセールスポイント

◇どんな仕事にも意義と興味を見出し積極的に取り組むのが信条です。
◇トラブル発生時も逃げ腰にならず問題解決に当たる自信があります。
◇年齢や性別の異なる初対面の方ともスムーズに会話できます。
◇与えられた目標を達成することが嬉しく、頑張れます。
◇チーム作業が得意で、周囲とうまく連携を図ります。
◇マーケティング手法・分析・報告書作成の経験があります。
◇化粧品業界および商品知識は、ひと通り習得しています。
◇そのほか幅広い業界の広告宣伝戦略に精通しています。

● 通常はタイトルをつけないので、文面の冒頭に印象的な言葉を置くとよい。段落ごとに１行空けたり■や●をつけるのも読みやすくするひとつのアイデア。

●「セールスポイント」「貴社での将来目標」などを、コラムのようにまとめて箇条書きにすると見た目の変化もついてよい。

●「履歴書」の志望動機欄や「職務経歴書」の経験要約などの"丸写し"にならないように注意。具体的なエピソードなどを通じて仕事への取り組み姿勢などを書く。

こんな応募書類はNG 採用担当者の本音

提出の際の印象で応募書類の印象も変わる

■ **在職中の会社の備品を使い放題**

レポート用紙に手書きした職務経歴書というだけで雑な印象を受けたのですが、よく見たら小さなロゴマークが入っていた。在職中の会社の社用箋だったんです。ほかにも、ときおり応募書類を会社の事務封筒から取り出す方も……。一瞬のことでも目がいきますから、その私の視線に気づいて「シマッタ！」という表情をする方もいるのですが、普段から会社の備品を私用に使うことに無感覚になっているとしか思えませんね。選考以前の問題です。（広告制作会社）

■ **意味なく速達で送られてきた応募書類**

当社は電話で簡単な選考をした後に、履歴書と職務経歴書を郵送してもらいます。ところがなかなか届かず、1週間ほどして速達で来た方が……。投函が遅れるなら、その旨を連絡すべきですし、普通に投函すれば翌日か翌々日には届くのに、意味なく速達で送ってくる方、重さが気になるのか切手を余分に貼ってくる方などもいます。細かいことですが、そういう判断ができない人は事務職として不向きではないかと。（不動産関連）

■ **キャラクター切手を貼ってきた応募者**

郵送されてきた応募書類の切手が、人気キャラクターのものだったんです。それだけなら購入し

た切手がたまたまそうだったのか……と思うのですが、裏の封筒にもお揃いのシールが貼ってあった。確かに印象には残りましたので、ある意味では成功なのでしょうが、やはり非常識なイメージがつきまといます。会社によってはOKなのかもしれませんが、当社では〝可愛過ぎる〟切手はあまり歓迎できないですね。（運輸）

■ **むき出しの履歴書を渡された**

さすが営業経験者らしく、あいさつはきちんとしている応募者でしたが、スーツの内ポケットから三つ折りにした〝むき出し〟の履歴書を取り出して渡されたときは驚きました。中身さえシッカリしていればいいと思ったのかもしれませんが、人間と同じで書類にも身だしなみというものがありますから……。（印刷会社）

■ **敬称のつけ方も知らずに経験アピール**

郵送されてきた封筒の宛名には、求人広告に掲載した通り担当者名まで入っていた。ところが敬称は〝御中〟。添え状も同じでした。応募書類の中身のほうは「以前は以前は」と過去の実績を押してくる内容。実際にキャリアはあるのでしょうが、どんな風にそれらの仕事をこなしていたのかなぁ……と、一抹の疑問を抱かざるをえませんでした。（損害保険代理店）

付録

転職プロセスの記録
自分を知ることが勝ち残る条件

　転職活動スタートに当たり、大抵の転職希望者は職歴や所持資格を総ざらえし、実力を自己評価したり自分の売りや弱点を整理するもの。最初の「履歴書」を書くときにも、その作業を繰り返し行っているはずだ。ところが、いったんスタートを切ってしまうと、不採用になっても同じ履歴書を書きつづけてしまいがち。変えるのは日付や通勤時間、志望動機の微妙な表現くらい……。だが、それではいけない。ここで必要なのは振り出しに戻って不採用になる理由を探ることなのだ。自分が落ちつづける理由がわからなければ、何倍、何十倍にもなる厳しい競争に勝ち残ることはできない。

おこう

その企業に提出した履歴書や職務経歴書には何をどう書いたか？
同じ失敗を繰り返さないように、まずはそこから点検しよう。
応募先ごとに記録を残しておけば、落とされた原因も見つけやすくなる。

●提出する応募書類は必ずコピーして保存
志望動機や自己アピールなど、その応募先に自分が書いた内容を忘れると、面接で書類をもとに質問してくる採用担当者と話が噛み合わなくなる恐れがある。とくに複数の企業に応募する場合は、混同しないように面接前に読み返す必要がある。また書類選考で落ちた場合は、再度、内容や表現はもちろん、書き方についても見直すことが不可欠。コピーしてホチキスなどで留めておこう。

⑤面接でのアピール
この応募先の志望動機のポイントや役立つ経験などアピールしたい内容の要点を箇条書きしておくとよい。また労働契約については企業側からの説明があるのが普通だが、確認すべき点を把握しておき説明がもれたり不明点があれば尋ねるようにする。

⑥面接後
面接が終了したら、忘れないうちに応募先とのやりとりをできる限りくわしく記述しておきたい。基本の質問のほか、自分だから聞かれたと思うことにどう答えたかも書いておこう。また自分の側からの質問と回答についても同様。そのほか、大切なのは面接結果の通知がいつごろもらえるかの予定確認。複数の内定をもらったときなど、この通知時期との兼ね合いで入社する会社選びが変わるケースがある。

⑦この会社の印象
面接は会社に選ばれるだけでなく、応募者の側が会社を選ぶ場でもある。複数の内定をもらったとき、気分だけで転職先を決めないように、自分が見た応募先の評価を客観的にまとめて記録できるようにしておくとよい。内定連絡をもらったら入社か辞退かの返事をする。ただし、ときには返事を待ってもらう事態が起きたり、いったん不採用通知を受けた後に復活選考の連絡を受ける例も……。このインターバルは2～3日。その意味でも採否の連絡をもらった日付、返答の内容や日付も記録しておく必要がある。

138

応募先ごとに活動内容をまとめて

不採用になってしまったときは、誰でも気持ちが沈むもの。
気分一新はいいが、それだけで次の志望先に向かってはいけない。
落ちた企業の応募条件と自分の実力はマッチしていたか？

●応募先ごとに作った転職活動シートをつくる
ノートに手書きしてもいいし、ただ関係書類やメモを応募先ごとにクリアファイルや封筒などにまとめておく方法でもいい。自分が使いやすいカタチで転職活動の記録を残していこう。応募活動はもちろん、入社したら待遇が約束と違っていた……などのトラブル対応にも役立つ。転職成功を確認するまで、採用後もしばらくは保管しておこう。

①求人情報・応募先
まず求人広告の切り抜きは必須。企業が求める応募条件をはじめ、待遇や給与、所在地や連絡先など基本的な情報がつまっている。シートに貼っておけば紛失しにくくなる。求人情報が掲載されていた媒体名や掲載日、応募締切日、またその応募先を調べて注目した点などをメモしておくとよい。

②問い合わせ
応募に当たって気づいたことや疑問点は、必ず書き留めておこう。面接の前に電話問い合わせした場合には、問い合わせした日付、応対してくれた担当者の名前とともに回答内容もメモしておく。

③応募
応募連絡や応募書類送付の日付もメモ。送った書類の内容も簡単に書き留めておく。また、応募連絡の際に聞かれたことで、とくに細かく確認されたことは選考のキーワードである可能性も高いので注意。作成した履歴書や職務経歴書の中に、その質問に対する説明が抜けていたら添え状などに補足して記述するとよい。

④面接の日時
面接が決まったら、日時と場所、現地までの所要時間などを記入。同時に2〜3社を受ける場合は、調整のためにもひと目でわかるように書き留めておくことが大切。

転職活動記録　応募先会社名

●①求人情報・応募先

求人広告貼付

●掲載媒体名
●掲載日　　　月　　　日
●応募締切　　月　　　日
●この会社の注目点

●②問い合わせ　●問い合わせ：月　日　●回答者名：

聞きたい内容	回答

●③応募

応募連絡		月	日	AM・PM
書類送付		月	日	AM・PM

●応募連絡で聞かれたこと

提出したもの
□添え状　□履歴書　□職務経歴書
□自己PR書　□その他

●④面接(会社説明会)
●1次
　　　月　　日　AM・PM　　時　　分
●2次
　　　月　　日　AM・PM　　時　　分

●会場への行き方

●交通所要時間　　分　●交通費　　　円

おわりに
周到な準備をした人が採用される

■ 百点満点の人が選ばれるわけではない

採用される人と不採用になる人の差はどこにあるのか。ごく当たり前に考えれば、知識や技術・経験・適性など応募者のレベルと企業側のニーズとのマッチングいかん……ということだろう。

だが、高倍率を勝ち抜いてスムーズに志望企業の採用を決めた人は百点満点のマッチングだったかというと、必ずしもそうではないケースがある。逆に、応募資格の条件に合って歓迎されそうな人が選考にもれてしまうこともある。さらに転職成功者たちの話を聞くと、同時に応募したほかの会社でも内定を得たという人が多い……。もし本当にマッチングで採否が決まるなら、こうしたことは起こりにくいはずだ。

「経験者に限る」「○×資格必須」という企業が、未経験や無資格をカバーする知識や熱意を伝えてくる応募者を選考対象にしたり、ときにはプラスαの評価さえ行うのはなぜか。採用担当者が不審や疑問を感じそうな項目を予測して説明を加えてくる応募者が、何の問題もない応募者以上に信頼感を抱かれることがあるのはなぜか……。そう考えれば、採否のカギを握るのは実は周到な転職準備の有無にかかっていることがわかる。

■ 万全の準備をする意欲が採用担当者を動かす

転職準備の第一歩は「どんな職場で何をしたいのか」「希望の仕事に就くには何が必要か」「転職先で何ができるか」を明確にすること。問題があれば対策を講じ、弱点があればカバー、足りないものがあれば補完。自分ならではの強みを最大限にアピールできる方法を考えていく……。そうして導き出した答えを反映した応募書類は、採用担当者の気持ちを動かす力をもっている。

わずか数枚の書類がこれからの自分の人生を変える可能性があると思えば、とてもおざなりな書き方などできない。提出の前にも「本当にこれでいいのか」と、疑ってみる慎重さも大切だ。できれば周囲の人に頼んで第三者の目でチェックしてもらうのもいいだろう。決して〝やりすぎ〟 ははない。念には念を入れた周到さこそ、書類選考に勝ち残って採用される応募書類の根幹なのだ。

140

●応募書類提出前のチェックリスト

- [ ] 提出を指示された書類がすべて揃っているか？
  書類のプリンター印字のカスレや汚れなどはないか？

- [ ] 求人広告の応募資格の条件に合っているか？
  合わなければ代替するものを提示してカバーしたか？

- [ ] 履歴書の写真はきちんと撮影したか？ 服装や表情は適切か？
  カットの仕方が歪んでいたり、曲がって貼っていないか？

- [ ] 履歴書に空欄はできていないか？ 日付も入れたか？
  誤字・脱字・記入もれや捺印もれはないか？

- [ ] 学歴・職歴の年月は正しいか？ 西暦・年号の混在はないか？
  生年月日と提出日の満年齢に間違いはないか？

- [ ] 履歴書・職務経歴書・自己PR書・添え状など
  提出する書類の記述内容に矛盾する点はないか？

- [ ] 不適切な表現やわかりにくい表現はないか？
  第三者にチェックしてもらわなくて大丈夫か？

- [ ] たとえば応募先で生かせる技能、減点評価されそうな事柄のカバー、
  疑問視されそうな事項の説明など、もれた重要項目はないか？

- [ ] 適切な封筒を選んだか？ 郵送なら表書きの社名の表記・
  所在地・担当者名・敬称に間違いはないか？

- [ ] 送る書類の重量は、郵便局の窓口で調べなくて大丈夫か？
  貼る切手に過不足はないか？ 切手の絵柄が不適切ではないか？

小島 美津子（こじま みつこ）

1970年代後半より職業とキャリア形成、女性の社会進出をテーマに媒体企画や取材・執筆を続け、85年に(有)クリエイション ユウを設立。教育情報誌や求人情報誌の外部ブレーンとして別冊編集やムック企画制作、また読者サイドに立った転職ノウハウ、資格ガイド・職業ガイドの記事を担当。その傍ら、随時開催の『小島転職塾』で転職・再就職の指導・助言に携わる。幅広い業種業界にわたる職種知識と通算1000社を超す採用担当者取材に基づく現場感覚のある実践的アドバイスが好評。著書に『現代女の一生"仕事・職場"』(岩波書店・共著)、『27歳からのキャリアアップ・脱OL講座』(フレーベル館)など。

〈実例付き〉
採用される履歴書・職務経歴書はこう書く

2003年6月20日　初版発行
2018年5月20日　第36刷発行

著　者　小島美津子　©M.Kojima 2003
発行者　吉田啓二
発行所　株式会社 日本実業出版社　東京都新宿区市谷本村町3-29　〒162-0845
　　　　　　　　　　　　　　　　大阪市北区西天満6-8-1　〒530-0047
　　　　編集部　☎03-3268-5651
　　　　営業部　☎03-3268-5161　振替 00170-1-25349
　　　　　　　　　　　　　　　　　http://www.njg.co.jp/
　　　　　　　　　　　　　　印刷／厚徳社　　製本／共栄社

この本の内容についてのお問合せは、書面かFAX(03-3268-0832)にてお願い致します。
落丁・乱丁本は、送料小社負担にて、お取り替え致します。

ISBN 978-4-534-03598-1　Printed in JAPAN

はじめての転職128のギモン

小島　美津子　　　定価 本体1300円(税別)

「知らない」「わからない」では採用されない！　会社を辞めるときから転職活動スタート、入社までの流れに沿って出てくるギモンをすべて解消。失敗やトラブルを防ぐ転職活動の実践ガイド。

採用される
転職サイト活用術＆応募フォームの書き方

小島　美津子　　　定価 本体1300円(税別)

サイト活用の基本ノウハウ（しくみ・検索のコツ・各種機能の使い方etc）がくわしくわかり、職種別・経験別の実例でライバルに差をつける応募フォームがらくらく書けるようになる。

業界の最新常識
よくわかる不動産業界

山下　和之　　　定価 本体1300円(税別)

大手デベロッパーから独立系のマンション分譲業者、個人の不動産屋まで、業界を取り巻く環境の変化、最新事情、業界構造、各社の動向等をわかりやすく解説。覚えておきたい業界知識満載の一冊。

業界の最新常識
よくわかる放送業界

河本　久廣　　　定価 本体1300円(税別)

放送業界を取り巻く環境の変化や各社の動向などの最新事情から、業界の構造、テレビ・ラジオ界の仕事の内容まで、業界関係者から一般の人まで興味深く読めるようにわかりやすく解説する。

最新＜業界の常識＞
よくわかる広告業界

伊東裕貴編著　　　定価 本体1300円(税別)

消費者の意識変化や通信技術の発達による媒体の再編によって変化を加速する広告業界。その進化する業界のしくみや歴史から、勢力地図、仕事内容、媒体特性や広告効果、最新情報までを解説する。

業界の最新常識
よくわかるホテル業界

土井　久太郎　　　定価 本体1300円(税別)

生き残りのため各社趣向を凝らした競争が始まっているホテル業界。各社の経営戦略、サービス比較などについて最新データをもとに徹底解説。業界人だけでなく利用する側からも興味深く読める一冊。

業界の最新常識
よくわかる航空業界

井上　雅之　　　定価 本体1300円(税別)

航空会社の戦略、国際競争のゆくえ、サービス競争の内幕など、航空業界の最新事情、今後の展望をわかりやすく解説。就職したい人から、業界について学びたい人まで、業界の最新常識がわかる。

定価変更の場合はご了承ください。